BEIHEFTE

ZUR

ZEITSCHRIFT FÜR ROMANISCHE PHILOLOGIE

HERAUSGEGEBEN von Dr. GUSTAV GRÖBER

PROFESSOR AN DER UNIVERSITÄT STRASSBURG

1. HEFT

LA
CRÉATION MÉTAPHORIQUE
EN FRANÇAIS ET EN ROMAN

PAR

LAZARE SAINÉAN

DOCTEUR ÈS-LETTRES, LAURÉAT DE L'INSTITUT

IMAGES TIRÉES DU MONDE DES ANIMAUX DOMESTIQUES

LE CHAT

AVEC UN APPENDICE SUR LA FOUINE, LE SINGE ET LES STRIGIENS

HALLE A. D. S.

VERLAG VON MAX NIEMEYER

1905

Die Beihefte zur Zeitschrift für Romanische Philologie erscheinen nach Bedarf in
zwanglosen Heften.

BEIHEFTE ·

ZUR

ZEITSCHRIFT

FÜR

ROMANISCHE PHILOLOGIE

HERAUSGEGEBEN

VON

Dr. GUSTAV GRÖBER

PROFESSOR AN DER UNIVERSITÄT STRASSBURG I. E.

I. HEFT

L. SAINÉAN, LA CRÉATION MÉTAPHORIQUE EN FRANÇAIS ET
EN ROMAN

HALLE A. D. S.

VERLAG VON MAX NIEMEYER

1905

LA

CRÉATION MÉTAPHORIQUE

EN FRANÇAIS ET EN ROMAN

PAR

LAZARE SAINÉAN

DOCTEUR ÈS-LETTRES, LAURÉAT DE L'INSTITUT

IMAGES TIRÉES DU MONDE DES ANIMAUX DOMESTIQUES

LE CHAT

AVEC UN APPENDICE SUR LA FOUINE, LE SINGE ET LES STRIGIENS

———————————————

HALLE A. D. S.

VERLAG VON MAX NIEMEYER

1905

Table des matières.

Appendice.

Avant-propos.

La métaphore embrassant toutes les manifestations de la pensée, on pourrait dire que son domaine se confond avec celui de la langue elle-même. Dans ce vaste ensemble, le monde des animaux, des animaux domestiques surtout, se révèle d'une grande fécondité pour les recherches étymologiques. Compagnons de l'homme, ses associés dans la vie quotidienne, les animaux domestiques furent de bonne heure observés par lui; leurs cris, leurs allures, leurs penchants, notés avec sympathie, trouvèrent une expression dans la langue et fournirent des images qui constituent un des plus curieux chapitres de l'histoire de la langue chez les peuples romans. Ici se manifeste principalement la fertilité de l'intelligence populaire, la spontanéité de ses créations linguistiques.

Ce monde bien vivant est, dans ses représentants les plus familiers, le chat en premier lieu, l'objet de cette étude. Un travail ultérieur sera consacré au chien et au cochon, un troisième et dernier au bétail et à la volaille de basse-cour. On possèdera ainsi, dans un tableau d'ensemble, la somme des idées que les peuples romans ont su tirer du monde des animaux domestiques.

Ces études s'appliquent à toutes les langues romanes, mais le français en constitue le fond, parce que, seul, il possède un *historique*, point de départ même de notre travail. Nous avons largement puisé dans les patois, principalement dans ceux de la France et de l'Italie. Après avoir dépouillé les principaux recueils dialectaux, nous avons eu la bonne fortune d'être mis en rapport avec M. Gilliéron, et de pouvoir contrôler les données flottantes des anciens patoisants par celles de l'actualité vivante. Avec le noble dévouement à la science qui caractérise ce grand travailleur, il a bien voulu mettre à notre disposition les matériaux inédits de son *Atlas linguistique de la France*. Nous avons tiré un parti inestimable des trésors accumulés dans cette magnifique publication, qui marquera une date dans les études d'étymologie française.

Nous adressons nos meilleurs remercîments aux patoisants et aux romanistes qui ont bien voulu nous renseigner sur les noms enfantins des animaux domestiques (matière qu'on trouve rarement dans les livres): MM. Ed. Edmont (Saint-Pol), Ch. Guerlin de Guer (Calvados) et I. Jeanjaquet (Suisse romande), R. Menendez Pidal (Espagne), Mme Carolina Michaelis et J. Leite de Vasconcellos (Portugal). Nous remercions tout particulièrement notre cher ami, M. Joseph Bédier, qui s'est donné la peine de lire ce travail en manuscrit et d'en rendre la forme moins imparfaite.

Paris, novembre 1904.

Lazare Sainéan.

Beiheft zur Zeitschr. f. rom. Phil. I.

Introduction.

Les études d'étymologie romane ont certainement fait, depuis Diez, d'incontestables progrès. Non pas que de nouvelles avenues aient été ouvertes à la science étymologique, mais les principes posés par le maître ont été approfondis et élargis, particulièrement du côté du latin vulgaire, qui, étudié avec une véritable prédilection, a grandement contribué à faire de la phonétique romane un instrument d'une merveilleuse précision. L'empressement et la virtuosité avec lesquels se poursuit l'établissement des types vulgaires pour chacune des langues romanes ne laissent pourtant pas d'être inquiétants; car, autant le procédé, comme expédient empirique, se révèle légitime et fécond lorsqu'il s'agit de l'ensemble des idiomes romans, ou du moins des mots appartenant au fond même de ces idiomes, autant il devient arbitraire et dangereux, lorsqu'il s'applique à des termes modernes ou récents. Il suffit de parcourir le répertoire de Koerting, qui en donne l'image la plus fidèle, pour être frappé du caractère à la fois problématique et vain de cette latinité chimérique, et de la stérilité des efforts dépensés dans cette direction.

C'est que tout d'abord on ne tient pas assez compte de la chronologie. Les mots les plus vénérables d'une langue et ceux d'une date plus ou moins récente sont jetés dans la même balance, et on s'efforce de rattacher les uns et les autres à la même origine. Faire dériver, par exemple, *maraud*, qui date seulement du XVIe siècle, du latin *marem*, homme, ou d'un type *malaldus* (Voir Koerting), est non seulement une hypothèse gratuite, mais une erreur de méthode. Multiplier ici les exemples de ce genre serait superflu, attendu que notre travail fournira les spécimens les plus remarquables de ce mirage étymologique.

D'ailleurs, la raison de ces tentatives doublement illusoires, comme point de départ et comme conclusion, est plus profonde. Dans la division courante des mots en mots populaires et mots savants, ou dans la répartition adoptée en Allemagne, en mots héréditaires, empruntés ou étrangers, on constate une grave lacune dont la méconnaissance, en enrichissant le lexique latin-vulgaire d'une foule d'intrus, a empêché de comprendre tout un côté de la langue. Nous voulons parler de la part d'originalité inhérente à chaque idiome, de l'élaboration incessante des matériaux linguistiques, de l'apport des patois, du langage vulgaire, du langage enfantin, de tout cet ensemble d'agents créateurs qui constitue à coup sûr l'élément le plus intéressant et le plus vraiment national d'une langue.

En français, ce courant créateur, complètement indépendant du latin, se fait sentir dès le XIIIᵉ siècle et atteint son apogée au XVIᵉ, siècle fécond entre tous, en idées et en expressions, et dont l'œuvre de Rabelais offre le plus puissant exemple. C'est alors surtout que les termes patois se précipitent de tous les côtés dans la langue, y prennent racine pour la plupart et s'acclimatent, malgré leur humble origine, dans le nouveau milieu où ils se trouvent transplantés. Devenus méconnaissables, isolés de leurs modestes congénères par un changement sémantique, leur origine s'obscurcit jusqu'à devenir à peu près impénétrable.

Ces mots patois appartiennent à la langue même; ils sont les créations des masses, des hommes de tout âge, même et surtout des enfants, créations qui témoignent de la spontanéité de l'esprit populaire, ainsi que de son incessante activité. Et ce n'est pas notre longue intimité avec la vie et la psychologie du peuple qui nous fait voir par un prisme grossissant ce travail perpétuel des foules sur le fond déjà existant de la langue, car des travaux tout récents ont fait ressortir ce contingent éminemment populaire qui l'emporte souvent sur le bien hérité, sur la *tradition* latine.[1]

Pour mettre en un relief encore plus saisissant l'élément créateur du langage et sa merveilleuse force d'expansion, nous avons choisi comme premier sujet d'étude le nom d'un animal qui n'a qu'une faible attache avec la latinité de la décadence et dont le développement sémantique, étant postérieur au XIIᵉ siècle, tombe dans la période purement nationale de chaque langue romane. Cet exemple, du reste, se prête parfaitement à illustrer la double tendance psychologique que nous venons d'exposer: d'un côté, le travail mental des masses populaires sur une base donnée (le latin *catlus*); de l'autre, l'élaboration parallèle et intégrale de la même notion par une série de véritables créations (les noms hypocoristiques de l'animal). Ces éléments rudimentaires ont ensuite germé dans tous les sens et enrichi le lexique de tout un monde d'idées et de mots. La métaphore, cet agent puissant de l'évolution linguistique, après avoir fait pousser les germes, leur a communiqué la vitalité et le mouvement.

L'étude de la métaphore linguistique est à peine effleurée. Le seul ouvrage à citer, celui de Brinkmann (*Die Metaphern*, 1878) relève plutôt de la littérature. L'auteur se borne le plus souvent

---

[1] Voir la monographie de Tappolet sur les *Noms romans de parenté* (1895) et celle de Zauner sur les *Noms romans des parties du corps* (1903), encore que ce dernier omette la nomenclature vulgaire et enfantine.

à commenter les proverbes pour en déduire „l'esprit des langues modernes". Le point de vue philologique disparaît devant l'analyse littéraire.[1]

Notre étude est purement linguistique, mais nous n'avons rien négligé de ce qui pouvait éclairer le sujet. C'est ainsi que nous avons mis à contribution le folklore, l'épopée animale et la fable, les observations des naturalistes, enfin les différents écrits sur la vie psychologique et sociale des animaux domestiques.

---

[1] La dissertation de Bull (*Die französischen Namen der Haustiere in alter und neuer Zeit mit Berücksichtigung der Mundarten*, Berlin, 1902) est une simple énumération des noms français des animaux domestiques et les mentions patoises y sont insignifiantes. Cf. encore Fr. Bangert, *Die Tiere im altfranzösischen Epos*, Marburg, 1885.

Première Partie.

Noms et cris du chat.

I. Le latin *cattus* et ses vicissitudes.

1. Le chat domestique est entré relativement tard dans l'intimité de la vie européenne. Les Grecs et les Romains de l'époque classique l'ignorent; leurs fabulistes le remplacent tantôt par la belette (γάλη, *mustela*) et tantôt par le chat sauvage (αἴλουρος, *felis*). A la fin du premier siècle de notre ère seulement, on voit apparaître le mot *catta*, et cela au beau milieu d'une série d'épigrammes de Martial (40—103), dans lesquelles il est question d'oiseaux comestibles. „Jamais l'Ombrie, s'écrie le poète (XIII, 69), n'a produit les chattes que nourrit la Pannonie":

> Panonicas nobis nunquam dedit Ombria *cattas* . . .

Il faut franchir deux siècles et arriver vers l'an 250, pour trouver une autre mention de la chatte, dans la Vulgate (Baruch, VI, 21): „Noctuæ et hirundines et aves, similiter et *cattae*." Ce passage pourrait à la rigueur servir de commentaire à l'épigramme de Martial: dans l'un et dans l'autre, la chatte se trouve rangée auprès d'animaux plus ou moins sauvages.

L'existence en latin vulgaire de *catta*, au premier siècle, ne saurait être mise en doute. La persistance du mot en daco-roumain, sous la forme diminutive *căttusia*, en est la preuve: *cătuşă*, aujourd'hui propre au macédo-roumain et au transylvain du Nord (où il est attesté dès le XVIIe siècle) est certainement le plus ancien nom de la chatte en daco-roumain, où les noms hypocoristiques *mîţă* (Moldavie) et *pisică* (Valachie) sont venus s'y ajouter plus tard. Son existence pan-roumaine est encore démontrée par certains sens figurés toujours vivaces, et dont le principal est celui de „menottes, fers". Cette acception métaphorique est étrangère aux idiomes slaves, mais on la retrouve en hispano-portugais: *gatillo*, petit chat et crampon.[1]

---

[1] Dériver *cătuşĭ*, fers (pl. de *cătuşă*, chatte), du pol. *kátuss*, chambre de torture (litt. maison du bourreau), comme le fait encore récemment Densuşianu (*Histoire de la langue roumaine*, I, 385), est une pure impossibilité: l'accent et le sens s'y opposent également.

Quoi qu'il en soit, ce n'est que vers le milieu du IV⁰ siècle que la forme *cattus* paraît chez un écrivain rustique, Palladius, avec sa fonction nettement marquée (*De re rustica*, IV, 9): „Contra talpas prodest *catos* (var. *cattos*) frequenter habere in mediis carduetis." Le même rôle de preneur de souris est attribué à *cattus* dans deux passages de l'*Anthologie latine*. Un sens purement technique, machine de guerre, sens qu'il gardera pendant le moyen âge, est attaché au même mot chez l'écrivain militaire Végèce (IV, 35): „Vineas dixerunt veteres quas nunc (au IV⁰ siècle) militari barbaricoque usu *cattos* vocant." Déjà les anciens désignaient certains appareils de guerre par des noms d'animaux tels que *aries*, *cuniculus*, *corvus*, *musculus*, *scorpio*, *testudo*.

Enfin, et nous nous plaisons à relever ce premier témoignage d'intimité entre l'homme et le chat, le diacre Jean, écrivant vers l'an 600 la vie du pape Grégoire le Grand (540—604), en cite le trait suivant (II, 60): „Nihil in mundo habebat præter unam *cattam*, quam blandiens crebro quasi cohabitatricem in suis gremiis refovebat." Dans la suite des temps, plus d'un grand homme a témoigné le même attachement profond pour le chat.

Voilà à peu près les textes qui, pendant les six premiers siècles de notre ère, présentent le mot *cattus*.[1] A partir de cette époque, deux témoignages contemporains nous renseignent suffisamment sur le caractère vulgaire du mot. D'un côté, l'écrivain byzantin Evagrius Scholasticus, qui vivait à Epiphanie, en Cœlésyrie, vers la fin du VI⁰ siècle, nous apprend (IV, 23) que l'usage vulgaire, la συνήθεια, de son temps substituait κάττα à αίλουρος; de l'autre, l'évêque espagnol Isidore de Séville (m. 636) affirme, dans ses *Origines* (XII, 2, 38): „Musio appellatus quod muribus infestus sit; hunc vulgus *cattum* a captura vocant." C'est pendant le moyen âge qu'on voit surgir le premier nom hypocoristique du chat, *musio* ou *musius*, dont l'origine enfantine[2] sera démontrée plus loin.

2. Les divers témoignages qu'on vient de rapporter ne nous apprennent rien sur l'origine même de *cattus*. Les hypothèses étymologiques modernes se sont portées dans deux sens différents. On s'est tout d'abord efforcé de rattacher *cattus* au latin, tendance qui se fait déjà jour dans l'étymologie d'Isidore rapportée plus haut. De notre temps, Hehn avait admis, dans les premières éditions de son livre, que *cattus* était une appellation populaire ayant le sens de petit animal, „le petit", répondant à *catulus*; mais il abandonna plus tard cette opinion pour s'arrêter à une hypothèse encore moins probable, d'après laquelle *cattus* serait un mot ger-

---

[1] Voir aussi Sittl, dans l'*Archiv für lat. Lexicographie*, V, 133 et suiv.

[2] Wölfflin (*Sitzungsberichte der Bayr. Akademie*, 1894, p. 113), se ralliant à l'étymologie d'Isidore, voit également dans *musio* une formation nouvelle pour *murio*.

manique passé en roman.[1] D'autres font venir le mot du celtique. Stokes, par exemple, postule un type *katto-s*, qu'il met en rapport avec le nom ethnique gaulois *Catti* ou *Chatti*, dont Grimm avait déjà rapproché le néerlandais *hesse*, chat, ainsi que le nom des Hessois. Et Schrader est enclin à combiner les deux hypothèses et à considérer le mot comme celto-germanique.

Il est certain que *cattus*, absolument isolé en latin où il apparaît d'une façon presque mystérieuse, fait penser à une de ces créations linguistiques sans histoire et réfractaires à toute analyse. Le gothique ignore le mot, et sa présence tardive (après le VIIe siècle) dans les idiomes celtiques et germaniques exclut toute hypothèse d'un emprunt de la part du latin. D'un autre côté, la merveilleuse expansion du mot n'est pas moins surprenante. Non seulement les noms du chat dans les familles celtiques, germaniques et slaves, peuvent remonter à un type *cattus*, dont ils dérivent directement dans toutes les langues romanes, mais les mêmes noms, dans les idiomes sémitiques et fino-turcs, pourraient à la rigueur y être réduits. Il reste pourtant un résidu irréductible (cf. le nouba *kadis*, chat, dans le domaine de l'ancienne Ethiopie), et l'alternance vocalique du nom, en germanique et en arabe,[2] complique encore le problème.

En somme, après avoir examiné les diverses hypothèses touchant l'étymologie de *cattus*, on se voit contraint d'avouer qu'on n'en sait absolument rien. On ignore et la provenance du nom de l'animal et les modes de son voyage autour du monde. D'ailleurs, il serait étonnant qu'il en fût autrement, puisque les naturalistes ignorent également la souche du chat domestique, son lieu d'origine et son expansion. La linguistique, tout à fait impuissante à résoudre le problème, l'abandonne à la science de la nature.

3. Voici les reflets gallo-romans de *cattus, catta*[3]:

Au Nord: *ca, co* (f. *cate*), *cou* (Somme), *keu* (Pas-de-Cal.), *kyè* (f. *kyète*) Namur, *tyè, tchyè* (Liège), *tè* (f. *tèle*) Marne.

Au Centre: *cha* (f. *chate*) et Ouest, *chè* (f. *chète*) et Est, à côté de *tcha* (f. *tchate*), *tchè* (f. *tchète*), *tsa* (f. *tsate*), *tsè* (f. *tsète*), *tso* (f. *tsote*); *sta, stè* (f. *stèta*) Savoie, à côté de *ça* (f. *çata*) et *fa* (f. *fata*), *sa* (f. *sate*) Dordogne.

Au Sud: *ga* (f. *gato*), à côté de *ca* (f. *cato*), *cha, tcha, tsa* (f. *chato, tchato, tsato*).

[1] Hehn, *Kulturpflanzen und Haustiere,* VIe éd. commentée par Schrader, Leipzig, 1901, p. 447 à 455.
[2] Cf. angl. *kit,* minet, allem. *Kitze,* à côté de l'anglo-saxon *cat* (attesté dès l'an 800), aba. *chazza,* mod. *Katze,* et *kutz!* cri pour le chasser; de même, arabe *kitt* (XIVe s.), à côté de *kouttous* (XVe s.) et de la forme vulgaire moderne *katt.*
[3] D'après l'*Atlas linguistique de la France.* Notre transcription se rapproche autant que possible du français.

Il est à remarquer que *chatte* s'est définitivement substitué au masc. *chat* dans les Vosges et en Lorraine: la forme féminine semble en effet chronologiquement antérieure, comme le montre le lat. *catta* et le roum. *cătușă* (cf. aussi allem. *Katze*).

Le type *cat-* se rencontre au Nord et au Sud (Gasc., Langued.) à l'état pur; au Centre, avec l'initiale sifflante comme en Limousin, en Auvergne et ailleurs (Val Soana *ciat*). Ce type, qui se reflète encore dans le roum. *cătușă*,[1] revient sporadiquement en Italie (cf. Abruz. *catta*, à côté de *gatta* ou *jatta*), où domine la forme parallèle *gat-*, comme dans le midi de la France et dans le reste du domaine roman (it. *gatto*, réto-rom. *gat*, *ghiat*, *dyat*, sarde *gattu*, *ghiattu*, *giattu*; esp.-port. *gato*). C'est un développement phonétique normal dans ces régions, et la coexistence des deux formes est encore vivace en Gascogne et en Languedoc.

II. Cris et gestes du chat.

4. Les cris dont on se sert pour appeler les chats sont généralement tirés des noms mêmes de l'animal. Ainsi, en fr.: *mini-mini! minet-minet! minot-minot!* (à St.-Pol: *mine-mine! mi-minoute!*), qui répondent à l'it.: *mini-mini! micco-micco! muci-muci!* et à l'esp.: *mis-misino-mis! mino-mis! (mini-mizo!), mus-mus!* (Galice *mico-mico! michinho-michinho!* et Léon *michin-michin!*). Certaines de ces formules ont pourtant gardé la forme primitive du nom hypocoristique, tandis que la langue générale l'ignore ou n'en connaît que la forme dérivée: cf. d'un côté, le galic. *gache!* inconnu à l'espagnol, et de l'autre, le port. *bich-bich! bichinho-bichinho!* qui conserve le primitif *bich*, minet, là où le port. ne connaît plus que le dérivé *bichano*, chat.

5. Les cris servant à chasser les chats: *pss-pss! (pch-pch!)* St.-Pol, *pse!* Mil., *biss-biss!* Montbél. et H.-Italie (esp. *bis-bis!* cri d'appel), *puxe!* Galice, et *piss-piss!* Roumanie (dans la H.-Bretagne, cri d'appel). De là, quelque noms enfantins de l'animal: Parme *bisen*, minet, répondant à l'allem. *Bise* (Buse, Bizi); le valaque *pisică*, chat, dimin. de *pisă* (cf. alban. *piso*, minet), répond à l'angl. *puss (pussy)*; cf. tamil *pusei*, kurde *pishik*, afghan. *picho*, pers. *pouchek*.

Ensuite, Mil. *ghicc-ghicc!* (= gatto! gatto!), esp.-port. *zape! fute!* à côté de *ox-te! aba-te!* Abruzz. *frušte (frište)!* Certains de ces cris s'appliquent également aux chiens: Calvados *ksi-ksi!* Sic. *chiss-chiss! (ghiss-ghiss!)*, Naples *ci-ci!*, tandis que l'esp. *casc! (quesc!)* sert plutôt à appeler la bête.

6. La forme primordiale du miaulement est presque monosyllabique: *mi-miiï!* Plus tard, cette plainte monotone s'amplifie de toute la gamme vocalique, et, dans une troisième phase, sa forme linguistique s'achève par l'addition d'un certain nombre de

---

[1] Le masc. *cotoc*, *cotoiŭ*, matou, dérive du slave *kotŭ*, id.

consonnes, principalement des liquides. Les nombreuses mòdu-
lations et inflexions de ce cri caractéristique, suivant le sexe et les
états d'âme du chat, échappent naturellement à toute transcription;
mais les patois ont essayé de tourner la difficulté à l'aide de
multiples approximations. Voici les premières formes linguistiquement élaborées, en remarquant que chaque modulation est susceptible
d'une forme renforcée par l'addition de la semi-voyelle *y*, et d'une
forme mouillée par l'absorption du même son:[1] *mawer* Luxemb.
(mais *il myo*), *myawer* Vosges, *gnawer* Malmédy; *myayer* (*gnyayer*)
Loiret, *myèwer* Lux., *myowva* H.-Loire, *myowga*[2] Lozère. La forme
vosgienne, *myawer*, est la plus ancienne que connaisse la langue
littéraire, dans *Renard le Nouvel* (éd. Houdoy, v. 3200):

> Et Tibiers li cas est enclos
> En le dispense; à *miawer*
> Prist si haut c'on l'oï tout cler
> Ou garding . . .

7. Ces formes ont subi de nombreuses amplifications, par
l'addition de consonnes simples (*l, n, r, d, s*) ou composées (*nd,
rl*, etc.). De là:

L: *myaler* Jura, Vosges, etc. (au midi: *miala*), *mawler* Hainaut
(midi: *màula*), *myaoler* (*myawler*) H.-Marne, Liège (midi: *mièula*)
et *gnawler* Liège (Gasc. *gnàula*); *mèola* Charente (Albi *bègoula*) et
myeoula H.-Garonne; *myoler* Jura, etc. (midi: *miola*) et *myouler*
Nièvre (midi: *mioula*, anc. pr. *miular*); cf. Suisse allem. *maueln*.

N: *myanner* Côte-d'Or, etc. (midi: *miana*), *myaonner* Berne,
Jersey (midi: *mièuna*), *myawgna* Alpes-Mar. (Nice *mièugna*, Auv.
mièuna) et *gnawgna*; *myonner* Vosges, etc., *myouna* Vendée, etc.,
à côté de *myona*; cf. Bourn. *m'nana* et anc. fr. *mynower* (Bibles-
worth, ap. Godefr.: Chat *mynowe*, serpent ciphele).

R: *myarer* Aoste (Sav. *mièra*), *myawra* H.-Alpes, et *myoura*
Basses-Alpes; *mirawi* Namur; cf. allem. *murren*.

D: *myawder* Sarthe, *myoder* Maine-et-Loire, *myouder* Vendée;
cette forme se rencontre au XVIe siècle (Du Bellay, Epitaphe d'un
chat):

> Ains se plaignoit mignardement
> D'un enfantin *myaudement*.

S: *myaousi* Luxembourg; cf. allem. *mauzen* (= *mauen*).
ND: *myànder* Orne, Mayenne.
RL: *myarler* Charente, Allier.
RN: *maronner* Nord.

---

[1] D'après l'*Atlas linguistique* (noté dorénavant par *A.*); les formes
méridionales mises entre parenthèses sont puisées dans Mistral et dans Piat.
[2] L'insertion de *v* et de *g* pour éviter l'hiatus, à l'instar de l'it. *miagolare* et *miavolare*.

8. Ce tableau, bien qu'il soit loin d'épuiser la richesse des inflexions du miaulement, peut cependant en donner une idée assez exacte. Il contient la plupart des types auxquels on pourrait simplement renvoyer les autres formes romanes: it. *miagolare* et *gnaulare* (cf. *myowga* et *gnawler*), *miavolare* et dial. *gnavolare* (cf. *myowva*), Sic. *miauliari* (cf. *myawler*), Gênes *miägna* (cf. *mieugna*), Piém. *gnaogné* (cf. *gnaugna*); esp. *maullar* (cf. *mawler*), *mayar* (cf. *myayer*), *miagar* (cf. *myowga*), port. *miar* ou *mear* (cf. *il myo*); engad. *miular* (cf. *myouler*); rom. *miaunà* (cf. *myaonner*) et *miorlăı* (cf. *myarler*).

9. Comme les modulations du miaulement se rapprochent plus ou moins du cri de l'âne, de la chèvre, du cochon, du chien particulièrement, l'expression linguistique du grondement se confond parfois avec des verbes synonymes appliqués:

à l'âne: *braire* (Morbihan, etc.); cf. Génois *rägna* (Napl. *regnole-jare*), miauler et braire (sens spécial au parmesan);

au bœuf: Meurthe-et-Mos. *boualer*, Drôme *béula*, propr. beugler; cf. May. *miander*, miauler (des chats et des jeunes veaux) et Abr. *maulá*, miauler et bêler (cf. Abr. l'agnelle *maule*);

au chien: Nièvre, Yon. *euler* (= hurler); cf. Sav. *mioula* (miàuna, miàura), miauler et aboyer, Mil. *mugola* et Napl. *gualiari*, id.;

au cochon: Pas-de-Cal. *ouigner*, propr. grogner, etc.

Ou bien, ce grondement est rendu par des verbes au sens général, tels que:

brailler: Morbih., Neufchât. *brailler*; port. *berrar*, *bradar* (cf. gato *berrador*, *bradador*, syn. de gato *miador*);

bramer: Ardèche *bramá*;

crier: Ille-et-Vil. *crier*;

gueuler: Vosges, Meuse *gaoler*;

piailler: H.-Marne *piailler*;

pleurer: Doubs *pyeurer*.

Le miaulement se rapproche encore de la voix de certains oiseaux, tels que le milan, le hibou (cf. pr. la machoto fai *miau*), etc.

10. Le miaulement revêt une forme différente lorsqu'il exprime un état passionné, l'amour ou la colère. Pour appeler le mâle, la chatte pousse le cri caressant *rou-rou!* ou *m'rou-m'rou!* De là: fr. *rouler* (routonner), Liège *raoter* et *raoler* (cf. Suisse allem. *räulen*), May. *rwaoder* (Sarthe *rwoder*), Yonne *rouaner*; esp. *marrar* (morrar) et roum. *mărăı*; où elle pousse des cris combinés: pr. *roumiao* (roumo-roumiau, ramamiau), *maragnau*; Sic. *mamìu* (mamau), *marramamau* (gnarragnanau); esp. *maumau*, *marramizar*, ce dernier employé par Lope de Vega (*Gatomaquia*, I: Y al tiempo que los dos *marra-mizaban* . . .); cf. Suisse allem. *murmau* (= *miau*).

Dans la colère, le miaulement est bref, précédé d'un grondement sourd et rauque: pr. *graumela*, *graula* (greula), *raugnà*, *re-miauma* (remoumia); Pas-de-Cal. *romyonner*, Sav. *rioler*. Lorsque, irrité ou effrayé, le chat *jure* (comme on dit), c.-à-d. relève ses lèvres dans un rictus qui découvre ses dents, il fait entendre une sorte de crachement *ff . . . pff . . .*, traduit par *feuler* (Drôme *fyala*), faire *foute-foute* (Calvados), répondant au Sic. *affutari* et au Lim. *espoufida* (cf. allem. *fauchen, pfuchzen*).

11. Le ronron, ce roulement continu et monotone qui se produit dans la gorge du chat, fait penser au bruit d'un rouet en mouvement: de là, *filer* (Vendée: *filer son rouet*), it. *far le fusa*, faire les fuseaux, ou *tornire*, travailler au tour (roum. *toarce*), Piém. *fé le spole*, dévider, Abr. *'ndruva*, filer, ou *fa l' urghene*, faire le bruit de la toupie, Berg. *fa 'nda 'l carel*, Andal. *hacer el carreton*; ou des formules plaisantes telles que *dire son crédo* (Vendée), *dire son pater* (Pas-de-Cal.), *dire son chapelet* (Savoie).

Le terme *ronronner* ou *filer son ronron* a pour correspondants patois: *faire son rou* (Loire) et *faire son rou-rou* (Puy-de-Dôme), de même esp. *arrullar* (marrullar); ensuite, pr. *ramia* (roumia), Berr. *rominer* (rouminer), Vendôm. *rander*, pr. *rená* (Lim. *rana*), *rouna* (Sav. *ronner*), *rounca* (*rounga, rangoula*), *roufa* (roufla, rounfla), Piém. *ronfé*, port. *rufenhar* (tocar o rufo), et pr. *ressá*, propr. imiter les mouvements des scieurs de long (it. *russar* „ronfler"), à côté de *grèula* (= crier comme le grillon). Remarquons, enfin, que le ronron se confond souvent avec le grondement déjà mentionné (cf. Suisse *rounna* et pr. *rougna*, Berg. *frunfruna*, etc.).

12. Quelques mots sur la valeur psychique de ces cris et gestes. On a remarqué plus haut que le miaulement offre des modulations aussi nombreuses que variées, suivant le sentiment qui anime le chat. Pour demander sa nourriture, par exemple, les *miaou* sont d'abord doux et pressants; si on la lui fait attendre, ils s'accentuent et atteignent un diapason très élevé, sans cesser de garder l'intonation de la prière caressante. Pour appeler ses petits, la chatte se sert du cri très doux et très tendre *rou . . . mia*, qu'elle prolonge en fermant à demi les yeux; pour appeler le mâle, elle pousse encore le cri caressant *m'rou . . . m'rouou*, mais avec une intonation plus énergique et moins tendre que celle qu'elle prend pour ses petits; dans les rencontres nocturnes, ces miaulements deviennent des cris aigus imitant presque des cris d'enfant au berceau.

La plus grande satisfaction du chat s'exprime par le *ronron*; avide de caresses, il ne sait, pour les quêter, quel tour inventer: il va, vient, haussant la tête, *faisant le gros dos* (expression passée en proverbe) et se frôlant contre la personne qu'il affectionne. Effrayé ou irrité, le chat ne miaule pas, il *jure* et hérisse ses poils ou se courbe en arc, haussant un dos menaçant.

Les jeunes chats sont tellement remuants, qu'à peine leurs yeux ouverts, ils se mettent à jouer, exécutant les sauts les plus singuliers et les mouvements les plus gracieux. Ces sauts et ces gambades auxquels se plaisent les minets comme les petits enfants, ne restent pas étrangers au chat adulte que l'on voit souvent, en pleine maturité, courir et cabrioler avec mille tours après sa queue, ou n'importe quel objet qu'on agite devant lui. Ce trait charmant a été saisi déjà par un des auteurs du *Roman de Renart* (éd. Martin, II, 667):

> Tiebert le chat qui se deduit
> Sanz compagnie et sanz conduict,
> De sa coe se vet joant
> Et entor lui granz saus faisant.

III. Les noms hypocoristiques du chat.

13. Les appellations du chat, appartenant à cette seconde catégorie, sont très nombreuses. Elles témoignent de l'importance sociale de l'animal et de la profonde sympathie qu'il a su inspirer à l'homme. Ces noms de tendresse sont propres aux enfants et au langage populaire, ce qui explique leur fréquence dans les patois et leur rareté dans la littérature. Leur intérêt étymologique n'en est pas moins très grand, car ils ont enrichi la langue littéraire d'une foule de mots qui y sont restés grâce à l'oubli de leur humble provenance.

Le langage enfantin a jusqu'à présent attiré l'attention des psychologues plutôt que des linguistes, et les renseignements que nous devons à ceux-ci, sont encore insuffisants, surtout au point de vue lexicologique;[1] mais, d'ores et déjà, on entrevoit la contribution féconde que ces études sont appelées à apporter à l'étymologie, en faisant ressortir ce côté original et universellement humain.

Un certain nombre de lois générales dominent ce genre de créations ainsi que l'ensemble des formations imitatives. Nous ne pouvons que les effleurer ici, afin de faciliter la compréhension des faits ultérieurs.

Sous le rapport phonétique, l'alternance vocalique (*i-a-o*) contribue à donner à cette catégorie de mots une variété surprenante, laquelle a dérouté jusqu'à présent les étymologistes. On peut y ajouter, comme complément, l'alternance consonantique des labiales *m* et *b*.

Sous le rapport lexicologique, la tendance à la réduplication lui fournit un moyen autrement fécond pour étendre son domaine.

a) Loi d'alternance vocalique.

14. Une loi générale qui domine toutes les formations d'origine enfantine, permet aux mots de cette catégorie de parcourir toute

---

[1] Nous nous bornons à citer un seul document, très important par l'exactitude de la notation linguistique, les *Notes sur l'apprentissage de la parole chez un enfant*, par le patoisant feu Ch. Roussey, instituteur à Paris (dans *La Parole* de 1899 et 1900).

l'échelle du vocalisme sans que la modification de la voyelle radicale entraîne nécessairement un changement correspondant de sens. Généralement, cette alternance s'arrête aux trois voyelles fondamentales: *i*, *a*, *ou*; mais, souvent aussi, elle se borne aux deux premières (cf. it. *bimbo* et *bambo*, enfant). Très souvent aussi, ces nuances vocaliques ont été utilisées comme autant de moyens sémantiques, ce qui a permis de préciser les sens primitivement multiples des termes enfantins.

L'alternance vocalique dont il s'agit ici, n'a rien à faire avec l'apophonie indo-européenne: c'est un phénomène d'un ordre plus universel qui ne concerne que la voyelle radicale, et qui, comme procédé général du langage, peut se retrouver partout ailleurs. Diez mentionne seulement (*Grammaire*, I, 65) „les locutions pour la plupart interjectives, formées de deux ou trois parties où se suivent les voyelles *i*, *a*, *ou*, ou ordinairement les deux premières seules“; mais il rattache à tort cette *apophonie romane* à „l'usage germanique excitant les Romans à l'imitation“.

Ce n'est que tout recemment que cette apophonie spéciale aux termes d'origine imitative, a commencé à appeler l'attention des linguistes. M. Grammont en a donné une exposition très claire, en l'appliquant aux mots à dédoublement de formation onomatopéique.[1] Nous en tirerons parti dans l'examen étymologique des noms enfantins du chat, et pour le moment nous retiendrons cette bonne constatation: „Les mots onomatopéiques obéissent servilement aux lois phonétiques qui dominent les autres mots de la langue à laquelle ils appartiennent, même si les transformations que leur imposent ces lois doivent leur ôter toute valeur expressive.“ C'est ce fait qui explique comment les formes linguistiquement élaborées des mots imitatifs ou enfantins se sont montrées jusqu'à présent réfractaires à toute analyse étymologique.

b) Echange des labiales.

15. Le changement de *m* en *b* n'a pas été jusqu'ici l'objet d'une étude spéciale. Les quelques exemples cités par Diez (I, 158), et qui pourraient être multipliés, sont envisagés comme des anomalies inexpliquables.

Le phénomène paraît familier au langage enfantin. Tantôt le *b* (*p*), initial ou médian, se substitue à l'*m* primitif, et tantôt la coexistence, à de courts intervalles, de deux phonèmes semble indiquer leur rapport intime. Le mot *mouche*, par exemple, est prononcé tour à tour, d'après les observations déjà mentionnées de Ch. Roussey (les chiffres indiquent l'âge de l'enfant par mois et par jours): *p(b)itchs*, XVII, 30; *metch*, XXIII, 2; *m^{b}ouf*, XVIII, 7; *mompv* (*v* très faible), XVIII, 17; *messy*, XVIII, 19; *popf*, XIX, 5;

---

[1] Dans la *Revue des langues romanes* de 1901, notamment aux pages 100, 128 et 129.

monch, XIX, 15; *mon* (le *ch* nasal a disparu), XX, 4; *bouch* (*ch* doux allemand), XXIV, 17. Donc, dans ces neuf cas, l'enfant prononce cinq fois l'*m* initial qu'il remplace quatre fois par *b* plus ou moins pur. La forme *m*^b*ouf* est particulièrement intéressante à noter comme point de transition entre les deux sons. Cet empiètement du *b* devient frappant dans les autres cas cités par le même observateur et que nous examinerons brièvement:

α) Initial: *petsyo* (monsieur), XIX, 19, et *bese!* XXV, 1; *pesyi* (mersi), XX, 20, et *mesy*, XL; *bouchyé* (moucher), XXIV, 13; *bach* (mange), XXV, 11, et *basé* (manger), XXXII; *bató* (menton), XVI, 1; *balad* (malade), XXVI, 20; *badeu* (mon Dieu), XXVI, 7; *bot* (montre), XXVII, 2; *basé* (marcher), XVII, 8; *bizit* (musique), XXVIII, 1, et *muzik*, XL;

β) Médian: *bèt* (alumette), XIX, 4, et *mèt*, XXIII, 17; *pizy* (chemise), XX, 4, *piz* et *sebiz*, XXXIII (*a bis*, la chemise, XV, 8); *rabàs* (ramasse), XXIV, 22; *bach* (fromage), XXVI, 16, et *somaz*, XXXIV; *sobel* (sommeil), XXXII;

γ) Final: *dap* (dame), XXI, 29.

Ces différents exemples, qui vont jusqu'au quarante-huitième mois, terme des observations de Roussey, montrent la préférence pour *b* aux dépens de *m*, et ce n'est que relativement tard (cf. *mersi, musique*, etc.) que ce dernier reprend sa place dans la bouche de l'enfant. Il ne s'agit donc pas ici d'une sorte d'incapacité physiologique (la prononciation nette de *maman*, au premier jour du dixième mois, en prouve l'invraisemblance), mais bien d'une sorte de prédilection ou plutôt d'affinité intime des labiales en question.

Quoi qu'il en soit, ce phénomène n'est pas exclusivement propre au langage enfantin (cf. it. *bimbo* et *mimmo*) ou aux formations onomatopéiques (cf. *beugler* et *meugler*); certains mots courants de la langue en portent la trace (cf. *mandore* et *pandore*, esp. *bandurria*), et diverses familles linguistiques trahissent la même tendance. C'est ainsi que le djagataï ou turc oriental remplace par un *b* l'*m* initial des mots arabo-persans (*musulman* y devient *bousourman*); inversement, le basque change souvent en *m* le *b* initial des mots empruntés au roman: *magina* y remonte à *vagina* et *maino* à *baño*.[1] Le breton, pour citer un exemple plus rapproché, n'est pas moins curieux à cet égard, et le phénomène n'a pas échappé aux celtisants: „Un *m* ne se change pas en *b*, mais tous deux se changent en *v* en mutation douce et sont alors exposés à se confondre accidentellement".[2]

Cette explication nous paraît insuffisante, surtout lorsqu'on tient compte de l'universalité du phénomène. En réalité, *m* se change

[1] Voir *Zeitschrift*, XVIII, 139.
[2] Ernault, cité par V. Henry, *Lexique étymologique du breton moderne*, Rennes, 1900, p. 23. On y relève, entre autres exemples, *bent* pour le lat. *mentha*.

directement en *b*, *p*, *v* (cf. *duvet*, dial. *dumet*), sans avoir besoin d'intermédiaires: *bontrer*, pour *montrer*, est familier à tout l'Ouest, et it. *musica* devient en comasque *buseca*, comme dans le langage enfantin (Voir plus haut). Les noms hypocoristiques du chat offriront des exemples autrement importants à l'appui de cette tendance générale du langage.

c) La réduplication.

16. La répétition de la première syllabe du mot a toujours été regardée comme un trait distinctif du langage enfantin, et cette tendance continue à être vivace (cf. *fifille*, *mémère*). Le redoublement fournit aux enfants une ressource des plus précieuses qui leur permet, tout en disposant du même fonds de syllabes primordiales, d'accroître leur capital d'idées. Mais il ne faut y attacher aucune précision sémantique. Ou a remarqué, en effet, que les noms enfantins du père et de la mère, dans les langues des deux mondes, sont rendus par un petit nombre d'articulations, dont le sens varie incessemment, de sorte que *mama* signifie père en géorgien, et *papai*, mère, en araucan; *nana*, mère et nourrice en slave, et *nènè*, mère, sœur aînée, frère, grand'mère en osmanli.

C'est ainsi que *nounou*, qui n'est qu'un des aspects apophoniques de *nana*, est rendu par l'enfant de Roussey (XVII, 27) à la fois par *nounyo*, *nènè*, *ninè*, *neneu*; et chacune de ces formes est susceptible d'un sens plus ou moins rapproché de l'acception primitive: grand'mère, et subsidiairement nourrice, sens du lat. *nonna*, qui est le même mot.[1] En italien, *nanna* (pr. *nonno*) signifie „dodo" (cf. *ninna-nanna*) et dérive de la notion de grand'mère, comme d'ailleurs, *dodo* lui-même (qu'on dérive, depuis Ménage, de *dormir*), remonte à la même notion: Liège *dada*, grand'mère, et enfantin *doudou*, nounou (cf. Roussey, XIII, 23), et lait, à Mayenne, à l'instar de *lolo*, lait, en rapport avec le génois *lala*, tante, *lalà*, grand'mère (en grec moderne). Expliquer les termes enfantins dont la majorité rentre dans la sphère des créations linguistiques universellement humaines, par des mots de la langue commune, c'est vouloir renfermer dans des cadres figés ce qui est extrêmement fluide et indépendant du temps et de l'espace.

17. Le grand nombre des termes hypocoristiques désignant le chat dérive, à quelques expressions près, signalées plus loin, de la notion *miauler*, l'animal étant simplement conçu comme le miauleur, comme le *miaou* de nos enfants. Les anciens Egyptiens, non plus que les Chinois, ne l'appelaient pas autrement. Les langues romanes sont d'une richesse exubérante quant à cette nomenclature enfantine, ayant exploité la plupart des types phonétiques qui rendent le miaulement et y ayant ajouté un certain

---

[1] Voir Heræus, dans l'*Archiv für lat. Lexicogr.* XIII, 149—172 („Die Sprache der römischen Kinderstube").

nombre d'autres, qui complètent le tableau des formes expressives du chat.

De même que *maou* et *mar* représentent des étapes phoniques antérieures aux types renforcés *miaou* et *miar*, de même les noms enfantins du chat ont gardé la forme primitive de la notion verbale: **maler* en rapport avec *mialer*, **manner* avec *mianner*, **marer* avec *miarer*, **mader* (cf. port. *mada*, miaulement) avec *miader*. De là, quatre thèmes: *mal*, *man*, *mar*, *mat* (mad), qui ont servi de point de départ à une première catégorie des noms du chat. En vertu de la loi d'alternance vocalique, chacun de ces thèmes est susceptible d'un triple aspect phonique, selon que sa voyelle radicale est plus on moins claire: *i, a, ou* (et les nuances: *e, o, u*). En partant donc de la voyelle claire du radical, pour aboutir à la voyelle sombre, par l'intermédiaire de la voyelle éclatante, on obtient les types suivants.

18. Premier type: MIN, MAN, MOUN (MON) ou MIGN, MAGN, MOUGN (MOGN).

a) *mine*, chatte, Eure-et-Loire, Deux-Sèvres, Char.-Inf., Bouches-du-Rhône; *minaou*, chat, Ardennes (fr. et pr. *minaud*, *minet*); Mil. *minau*, *minell* (Parme *minen*), Gênes *minnu*, chat; *mini*, minet, Berry, Berg. et Séville; *minin* H.-Italie (esp. dial. *minino*); pr. *mino*, chatte, fr. *minon*, chat (et Mil.), St.-Pol-ville *minoute*, Saintonge *minoche*, minet;[1]

migna, chatte, Lomb. (et *mignanna*); pr. *mignaud*, chat; Parm. *mignen*, minet, Berg. *migni*, H.-Italie *mignin*; Piém. *migno*, chat (pr. chatte); Galice *miña* (minina), minette;

menet, chat, Suisse; Piém. *meno* (mno), Saint. *menou*, minon; *mnein*, id., Bol., Reggio;

b) *man*, dim. *manan* (f. *mananna*), minet, Milan; Vaud *myana*, chatte;

c) *mouna*, chatte, Fribourg (Valais *mounïn*, minet); *mouno*, chatte (*mounard*, matou, et *mounet*, minet), Provence; *mounoû*, chat, Picardie (wall. Mons *nounou*); *monin*, minet, Venise (esp. dial. *monino*); *mogna*, chatte, Milan (Berg. *mognó*, matou, et Venise *mognin*, minet).

Les noms à la nasale mouillée (cf. *migne* et *mine*, *mignon* et *minon*) représentent la forme primordiale conservée par des noms propres (Mignard, Migne, Mignet).

19. Deuxième type: MIR, MAR, MOUR (MOR).

a) *mire*, chatte, Saône-et-Loire (Isère *mira*, Ardèche *miro*) et Sav. *mir*, matou; Lyon *miron* (mirou), chat;

---

[1] Cf. Suisse allem. *mine*, chatte, et les diminutifs silésiens: *minel*, *mindel*, *minzel*, minet (*maunzen*, miauler).

mera, chatte, Drôme, Ain (Ardèche *mero*, Ain *meura*), et *merou* (meraou), chat, Drôme (Lorr. *m'raou*); port. (*mero* dim.), *merenho*, minet;

b) *mara*, matou, Deux-Sèvres, et *maro*, id., Cher, Indre, Creuse (transcrit: *maraud*), Charente *marao* (Allier *maraou*), Noyon *mareux* (Corblet), Vendée *marou*, Forez *marro*;

myaro, matou, Isère (Loiret *myarou*);

marlo, matou, Creuse (H.-Marne *marlou*), Vienne *marouf* (et anc. fr.);

c) *moro*, matou,[1] Indre (Rouergue *morro*); esp. *morro*, dim. *morrongo* (morroño, morroncho), minet.

20. Troisième type: MIT, MAT, MOUT (MOT).

a) *mite*, chatte, Sarthe, Mayenne (anc. fr. *mite* et *mitte*); Rehéry *mita* (Adam); Vosges *mitâ*, matou (Poit. *miton*, minet); anc. fr. *mitaud, mitou*;[2]

misti, *mistin*, chat (Calvados: Plessis-Grimault), à côté de *mistigri* ou *mistrique* (Caen): cette variante[3] est un compromis entre la forme précédente et le septième type finissant en sifflante;

b) *mate*, matou, Cantal (Ain *mataou*, Drôme *mateu*, Vaud *mato*); fr. *matou*, moderne et dial. (Côte-d'Or, Jura, etc.); *matolon*, id., Fribourg;

matre, matou, Béarn; *matrou*, Fontenay-le-Marmion (Calvados); *martou*, Deux-Sèvres;

mèto, matou, Côte-d'Or;

battu (= mattu; cf. matou), chat, Sarde (Log.), et *battulinu*, minet; cf. Suisse allem. *baudi*, *maudi*, matou;

c) *moute*, chatte, Bessin (Eure *moutte*), *moutin*, chat, Thaon (Calvados), et *moutou*, matou, Lot; cf. Bavar. *mudel*, minet;

moto, matou, Puy-de-Dôme (H.-Vienne, Corrèze *motou*); roum. *motan*, matou, et *mîrtan* (= mortan).

21. Quatrième type: *MIL, MAL, *MOUL.

Ce type n'est representé que par le breton *maloua* (maloar), matou,[4] par l'esp. *malon*, chat (Menendez Pidal), et peut-être par l'élément final de certains composés provençaux (cf. *gatimello*, en rapport avec le suisse allem. *zimeli*, minet, à côté de *zizi*). Il se retrouve également dans quelque patois allemands (*Mull*, matou, et *Mulle*, minet); cf. Bas-Gâtin. *bilau* (= milau), chat à longs poils.

---

[1] Cf. Suisse allem. *Murrner*, *Murrkater*, matou („grognon").
[2] Ménage a indiqué le premier le caractère imitatif du nom: „*Mite*, pour un chat ... c'est une onomatopée; les Espagnols disent *miz*, en appelant un chat, comme nous *mite*." Lope de Vega appelle une des héroïnes de sa *Gatomaquia* (V): *Miturria*.
[3] Communiquée par M. Guerlin de Guer.
[4] P. Sébillot, *Traditions de la Haute-Bretagne*, II, 39.

22. Certains sons propres au langage du chat, les gutturales par exemple, ne figurent pas parmi les formes du verbe *miauler*. Dupont de Nemours, qui tenta de noter le langage du chat dans un mémoire[1] adressé à l'Institut, dit à ce propos: „Le chat a sur le chien l'avantage d'une langue, dans laquelle se trouvent les mêmes voyelles que prononce le chien, et de plus six consonnes: l'*m*, l'*n*, le *g*, le *h*, le *v* et l'*f*. Il en résulte pour lui un plus grand nombre de mots." Les noms patois du chat confirment pleinement cette assertion. De là, une seconde catégorie des noms du chat, à finales gutturales ou sifflantes, destinées à compléter la gamme des modulations du miaulement.

Cinquième type: MIC (MIG), MAC (MAG), MOUC.

a) *mique* (miquette), chatte,. Jura, Bournois; Bresse *miquet*, chat (Clairvaux *miquette*, nom général des chattes); *mico*, Ardèche et Galice, dim. *miquito* (cf. allem. *Mieke*, chatte, Suisse allem. *mauki*, minet, *mauker*, matou, de *mauken*, miauler);

migon, minet, Verduno-Châlonnais;

b) *maco*, matou, Berry (transcrit: *macaud*), et *macou*, chatte, Vendée;

mago, matou, Allier (H.-Vienne: *magao*);

c) *muchio* (muchione), matou, Naples.

23. Sixième type: MIŠ, MAŠ, MOUŠ (MOŠ). Ce type, étranger aux patois français, est familier à ceux de l'Italie et de l'Espagne.

a) *misc* (= miš), chat, Milan, et *miscin*, minet; Catal. *mixa* (= miša), chatte; Tosc. *micio*, *micia*, esp. *micho*, *micha* (dim. *michino*);

bicho (= micho), *bichano*, chat, et *bichenho*, minet, Portugal;

b) *mach*: cette forme, qui paraît étrangère aux patois romans, est familière aux idiomes slaves (serbe *mačak*, matou, tchèque *mačka*, chatte; cf. alban. et macédo-roum. *mačok*, matou, istro-roum. *močke*, chatte;

c) *mucio* (mucia) et *muscio* (muscia), chat, chatte, Italie; esp. dial.[2] *muxin* (Colunga) et *muixo* (Zamorra);

mosc (= moš), chat, et *moscin* minet, Milan (Naples *moscillo*); *moxa* (= moša), chatte, Catalogne;

boncia, chatte, Toscane:[3] cf. Hesse *baunsch*, matou, Wetterau *munsch*, Pomér. *mônz*, id., à côté du suisse et bavarois *mutz*, *mautz*, en rapport avec *maunschen* (maunzen, mauzen), miauler.

24. Septième type: MIS, MAS, MOUS (MOS), ou MITS, etc. Ce type n'est qu'une variante du précédent et, à deux exceptions près, familier aux mêmes patois.

---

[1] En voir l'analyse dans Champfleury, *Le Chat*, p. 198.
[2] Communiqué par M. Menendez Pidal.
[3] Cf. Varchi: ... la gatta s'ha a chiamare gatta e non mucia o *boncia*.

a) *mis*, chat, Plancher-les-Mines (*smiss*, dans l'argot parmesan); *mizo*,[1] *miza*, chat, chatte (dim. *misino*), Espagne; *mîţă*, chatte, Moldavie;[2]

b) *mats*: cette forme, non plus que la forme correspondante du type précédent, ne paraît pas avoir de représentants dans les patois romans; elle appartient également aux idiomes slaves (serbe *matsa*, chatte, pol. *maciek*, matou); cf. macédo-roum. *maţă*, chatte;

c) *moss*, chat, Ferrare; esp. *mozo*; Sav. *mezou*, minet A; Piém. *mosi* (meusi), Tosc. *mogio*, esp. *mogi* (cf. mogigato);
musso, chat, Sicile, et sarde *mussi*, minet; bas-lat. *musio* et *musius*, chat (Voir 1), formant la première pousse aboutissant à cette luxuriante végétation des noms d'amitié donnés à l'animal.

Le primitif de *musio*, sous la forme *musa*, revient en roman dans les composés synonymiques tels que le catal. *gatamusa*, hypocrite (chatte: cf. danois *Musekate*, chatte, Nemnich) et le pr. *chatamusa*, colin-maillard (= chatte), composés dans lesquels *musa* a la même valeur enfantine que l'allem. *Buse*, Suisse allem. *chatze-busi* (Voir 5).

25. Huitième type: MARC ou MARG, particulier au Centre et au Midi de la France.

marc, matou, H.-Saône; Vosges *marcâ*, H.-Bret. *marcaou* (Creuse *margaou*); *marco*, Nièvre, etc. (Corrèze *margo*), et *marcou*, Loire-Inf., *margou*, Tarn, Aveyron (les deux derniers aussi en anc. fr.);
macro (= marco), matou, Cher, Nièvre;
merco, matou, Côte-d'Or (Berne *merga*, Loire-et-Cher *mergo*);
morcâ, matou, Vienville (Adam), Celles *morco*, et Rehéry *morcou* (Id.); Montbél. *morgou*, et Plancher-les-Mines *moirgau* (à côté de *margo*).

Ce dernier type exprime la notion de „gronder", commune au chat et au cochon: *marcou* ou *margou*, chat mâle, signifie simplement „grondeur" (cf. roum. *miorcăi*, miauler). La même notion sert de base à deux autres noms populaires du chat: Béarn. *arnaut* (= arnò), matou, et Lille *mahon*, id. (*mahou*, Saint-Manvieux, Calvados; H.-Bret. *mahon*, *mahonnet*, chat noir): le premier n'est que la transformation de *renaut* (cf. pr. *renâ*, ronronner et gronder, et *renaire*, surnom du porc), et le second une des nuances du miaulement (*màonner* ou *myaonner*).

Et de même, Cantal *gar*, matou, Isère *gari* (garri), Drôme *garo* (garro), et Cantal *garou* (Dauph. *chat garou*, chat sauvage, Piat): cf. pr. *gori* (gorri), goret, rapport qui reparaît entre le fr. dial. *maro* (marou), matou, et l'hisp.-port. *marrano*, cochon (cf. *maronner*, gronder, et *miarer*, miauler), entre l'Isère *miaro*, matou, et le pr.

---

[1] Covarruvias a entrevu le rapport entre *miz* et *musio*: „Al gato llamamos *miz* del nombre antiguo suyo *musio*."
[2] Cf. suéd. *miss*, néerl. *mies*, allem. *mieze* (Bavar. *mitz*, *mintz*), dim. *mieschen*, *miezchen*; — alban. *mitsa*, russe *miška*; — tatare *müč*, etc.

miarro (gnarro), goret; cf. Ban-de-la-Roche *voualère* (Oberlin), chat mâle, avec le poitevin *voualer*, gronder.

26. Une troisième série de ces noms hypocoristiques dérive de l'état du matou en chasse de la chatte; de là:

raou, chat mâle,[1] Lorraine (cf. Pléchatel *en raou*, en rut, et fr. *rouer*, gronder), Yonne *rouaut*, matou en chaleur, May. *rwdo* (rau), à côté de *randou* (rwandou), id., d'où *randouler*, se plaindre (de la chatte séparée de son petit);

racdo, matou, Mayenne: la chatte est en *racaut*, lorsque par ses cris plaintifs elle appelle le mâle (Ménière); Poit. *en ravaut*, en rut.[2]

Ou bien se rapporte au sifflement que pousse le chat en colère:

çaro (jaro, zore), matou, Savoie (cf. *farou*, hibou);

fel, chat, Picardie ("rarement usité", Corblet): cf. *feuler*, siffler (du chat) et l'it. dial. *felippa* (filippa), primitivement chatte, conservé en composition (Napolit. *gattefelippe* "chatteries").

27. Ailleurs, ces noms expriment des rapports ou des épithètes touchant la vie physique ou morale du chat:

croup (crup), matou, Aveyron, Tarn, propr. l'accroupi (attitude familière au chat); c'est peut-être la même posture qui explique le rapport du nom du chat avec celui du crapaud: port. *sape* (zape), chat, et *sapo*, crapaud (cf. Orne *cabier*, chat, Du Méril, et Norm. *cabot*, têtard);

futin, Bessin, nom de chat: le rusé (= futé);

marpo, matou, Loire-et-Cher, Sarthe: "le goinfre" ou le "voleur" (penchants attribués au chat), sens de l'anc. fr. *marpaud*;

patou, matou, Saône-et-Loire (Valais, aussi, chat à gros poils); Béarn. *pato peludo*, id., répondant à l'anc. fr. *patte pelue* (= mitte pelue);

vessard, matou, H.-Loire: propr. le puant, le chat en rut exhalant une forte odeur; cf. H.-Bret. *pilaou*, chat (Sébillot) et Béarn. *gat piloc*, chat sauvage (= chat putois).

28. Parfois, le même nom s'applique au chat et au chien, surtout à leurs petits, à l'instar du lat. *catulus*: à Isbergues (Pas-de-Cal.), chatte se dit *calette*, propr. petite chienne (anc. fr. *caelet*: cf. *caler*, chatter, et *caeler*, chienner); de même, le galicien *gache*, chat! (cri d'appel, 4) répond à l'esp. *cacho* (gacho), petit chien.

Plus rarement, c'est le nom du rat qui passe au chat (le pr. *garri* désigne l'un et l'autre; Rémois *marou*, chat ou rat): Engad.

---

[1] Cf. Suisse allem. *räuel*, chat mâle, et Osnabr. *ramm*, matou (Souabe *rammler*), ce dernier en rapport avec le Dauphin. *ramià* ronronner (des chats en rut): dans l'argot parmesan, le chat se dit *ramogn*, propr. le grondeur.
[2] *Racaut* et *ravaut* sont des formes renforcées de *raaut* (rwaaut) par l'insertion euphonique d'une gutturale et d'une labiale (cf. it. *miagolare* et *miavolare*).

pantigana, rat (Venise *pantegana*, Frioul *pantiane*) et Tyrol *panta-gana*, chat.

29. Une derniere catégorie de ces noms enfantins est formée:

a) par le redoublement (intégral ou simplement initial: cf. *bobo* et *fifille*): *mimi*, chat, fr., Romagne (cf. Pic. *mi*, minet), et *moumou*, id., Thaon (cf. Gasc. *mo*, *mouo*, chat), à côté de *bibo* et *bobo*, minet (Roussey, XXVI, 28); fr. *mimiche* (*mimisse*), St.-Pol *mimine*, fr. *moumouche* (et *moumoute*);

b) par l'association de deux termes différents du miaulement: *mamao*, minet, Venise, Mantoue (Sic. *mimiu*, chat); Char.-Inf. *marnao*, chat (Mant. *margnao*, Venise *morgnao*); Parme, Sic. *marramau*, chat, et Côme, Mil. *mignao*;

c) par la combinaison du nom *chat* avec un des noms enfantins: *chamarao*, matou, Poitou, Deux-Sèvres, et *chamahon*, id.; Namur *moutchié*, chat (= moute-chat): cf. Lang. *marmoutin*, chat, mot dans lequel se trouvent associés deux noms hypocoristiques.[1]

30. Rappelons un dernier nom caractéristique du chat, *Raminagrobis*, immortalisé par Rabelais et La Fontaine. Les patois modernes l'ignorent, mais il était encore vivace au XVIIe siècle, suivant le témoignage de Le Duchat („A Metz et dans toute la Lorraine, le nom de *raminagrobis* se donne à tous les chats mâles"), et certainement avant Rabelais.[2] Ce n'est donc pas „un mot de gaudisserie que le François a forgé à plaisir", comme le pensait Nicot, mais bien un mot populaire, dont les éléments sont encore transparents: *raminagrobis*, c'est le gros chat (*gros bis*) qui ronronne (*ramina*). Le terme *grobis*,[3] familier aux XVe et XVIe siècles, contient dans son élément final un nom enfantin du chat: *bis* (d'après le cri d'appel); et *faire le grobis*, c'était faire l'important,[4] l'entendu (aussi *faire le raminagrobis*), image empruntée à l'habitude qu'a le chat de *faire le gros dos*, lorsqu'il est en quête de caresses (Voir 12).

En somme, la grande majorité des noms d'amitié donnés au

---

[1] Un nom d'amitié plus général est *coco* ou *coquiqui*, donné au chat dans une formulette enfantine du Poitou (Bujaud, *Chansons populaires des provinces de l'Ouest*, 1895, I, 40): Le chat saute sur les souris, — Il les croque toute la nuit, — Gentil *coquiqui*! — *Coco* des moustaches, — Miro joli, — Gentil *coquiqui*!

[2] On le trouve en effet, au XVe siècle, dans la *Passion de Jesus-Christ à personnages* (cité par Burgaud des Marets, *Rabelais*, I, 612).

[3] Nemnich: *grobis* (groubis), chat mâle.

[4] Cf. ce passage de Rabelais (II, 30: „Je veiz maistre Jean le Maire qui contrefaisoit le pape ... et en *faisant du grobis* leur donnoit sa bénédiction") avec cet autre de Noël du Fail, où il s'agit d'un ignorant promu magistrat par la justice vénale de l'époque (II, 25: „Cet habile homme allant par la rue, saluant à poids de marc et force soie sur le dos .... avec un haussement d'épaule et yeux sourcilleux et admiratifs en *faisant* bien le *raminagrobis* ...").

chat est réductible à la notion de miauler ou à un des autres faits et gestes de la vie de cet animal.

31. Ajoutons, en finissant, les noms argotiques du chat, les procédés de ce langage particulier se rapprochant de ceux du parler enfantin:

griffard (grippard), par allusion à ses griffes, et plaisamment *greffier* (cf. dans l'argot militaire, *chat*, greffier, employé aux écritures);

estaffier (estaffion), par comparaison burlesque avec un courrier (cf. courir comme un chat maigre);

lièvre (lapin de gouttière): cf. *chat*, fr. pop. lapin, allem. dial. *Böhnhase*, chat (lièvre des toits), angl. *pussy-cat*, lapin, lièvre (= chat-minet);

Dans l'argot des chiffonniers: *Gaspard* (argot parmesan: *gasper*, filou, *gasparar*, voler);

dans l'argot bellau (des peigneurs de chanvre du H.-Jura): *perro*, chat, propr. chien;

dans celui des terrassiers de la Tarentaise (Savoie): *grin* „le triste", *pelyu* „le pelu" et *tarpo* „la taupe";

dans l'argot parmesan: *scapen* („le fourbe"); cf. plus haut *futin*;

dans celui de Val Soana (Piémont): *garolfo*, chat, propr. loup garou („perciocchè i gatti quando vanno in fregola miagolano imitando talvolta i gemiti d'uomo che muore assassinato", Dal Pozzo), et *fájma*, probablement siffleur (*Archivio*, III, 60);

dans l'argot italien: *rautta*, chatte, propr. celle qui ronronne.

32. Les savants qui ont étudié l'un ou l'autre des noms hypocoristiques du chat, isolément ou tout au moins sans jamais en présenter un tableau d'ensemble, ont émis sur leur origine une théorie tout autre que celle que nous venons d'exposer. Cette théorie, soutenue d'arbord par Le Duchat[1] et Lacurne,[2] a été admise de nos jours par Scheler,[3] Darmesteter,[4] Meyer-Lübke,[5] et reprise tout récemment par Marchot.[6] L'hypothèse de ces savants est bien simple et se résume en la proposition: les noms enfantins du chat remontent à des noms propres. C'est ainsi que le wall. *marcou*, chat mâle, remonterait à Marculphus, le lorr. *raou* à Radulphus, le fr. *matou* à Mathieu (ou Mattulphus), le dial. *marlou* à Marulphus.

Voilà pour le français; quant aux langues germaniques et slaves, Cihac (II, 90) résume ainsi les opinions de Weigand et de Miklosich: „Le slave *matsa*, chatte, et l'allem. *Mieze*, minet, se

---

[1] Dans le *Dictionnaire* de Ménage (au mot *marcou*) et dans son édition de Rabelais (III, 117: à propos de *Raminagrobis*).

[2] Dans son *Dictionnaire*, au mot *marcou*.

[3] *Dictionnaire* s. v. *matou*.

[4] *Vie des mots*, p. 109.

[5] *Zeitschrift*, XVIII, 432.

[6] *Grammaire des langues romanes*, II, 480.

rapportent aux noms de Marie (serb. *Matsa* et allem. *Miezchen*); le tchèque *maček*, matou, équivaut à petit Mathieu, et le russe *miška* à petit Michel."

En principe, aucun animal domestique ne se trouve désigné par un nom propre et le folklore confirme ce fait, car „dans les récits populaires, là même ou nous les trouvons les plus répandus . ., les animaux n'ont pas des noms propres."[1] Il y a un conte que tout le monde connaît, le *Chat-botté*, et qu'on trouve déjà dans les plus anciens recueils des contes européens, dans les *Nuits* de Straparola (1550), dans le *Pentamerone* de Basile (1637) et dans les *Contes de ma Mère l'Oye* de Perrault (1697); il en existe en outre de nombreuses variantes chez les peuples de l'Europe et de l'Asie (Polivka en a recueilli une soixantaine), et pourtant, dans aucune de ces rédactions, le chat ne porte un nom propre. En revanche, dans une œuvre littéraire telle que le *Roman de Renart*, le chat porte un nom propre: *Tibert*, dans la rédaction française, *Dieprecht*, dans celle du moyen âge allemand; il s'agit ici de la création d'un poète et non de celle du peuple.

Enfin, les noms qu'on donne parfois aux animaux avec lesquels l'homme vit dans une familiarité affectueuse — tels, dans notre cas, le port. *Vincente*, chat, et l'esp. *Bartolo*, à l'instar du russe *Vaška* (Basile) — ne sont jamais devenus les noms usuels de ces animaux. Le serbe *Matsa*, Marie, de même que l'allem. *Miezchen*, signifie proprement „minette": les grâces mignonnes de l'animal ont fait prêter son nom au diminutif de Marie (cf. fr. *Mimi* et Marie, Poit. *Mignote* et Marie); le russe *miška* signifie à la fois petit chat et petit Michel, le nom propre et le nom d'amitié s'étant fondus dans la même forme diminutive, et il suffit d'en rapprocher l'it. *miscia* (esp. *miza*) pour que toute trace de nom propre disparaisse (cf. fr. dial. *michette*, chatte, et Michette).[2]

C'est de la même façon, croyons-nous, qu'il faut envisager les interprétations de Le Duchat et des autres: les noms d'amitié donnés au chat ayant le même suffixe que certains noms propres d'origine germanique, ils se prêtaient facilement à une pareille hypothèse; mais il suffit de jeter un coup d'œil sur l'ensemble de la nomenclature pour se convaincre de son inanité. Le béarnais *arnò* (renò), chat, par exemple, fait immédiatement penser à Arnault ou à Renault, comme *raou* à Raoul; mais tandis que les uns sont des substantifs verbaux tirés de *renà*, gronder, et de *rouer*, ronronner, les noms propres remontent à Arnolt, Reginolt, Radulf.

---

[1] Gaston Paris, dans le *Journal des Savants* de 1894 (à propos de Sudre, *Sources du Roman de Renart*).

[2] Les locutions suivantes tirent également leur origine d'un récit ou d'une fable: it. *la gatta di Masino* (= Tomasino; cf. angl. *tom-cat*) che chiudeva gli occhi per non vedere gli topi; Béarn. la bere *gate de Paulet*, douce de pate, de maulet; esp. *el gato de Mariramos*, halaga con la cola y araña con las manos.

33. Ceci nous amène à dire quelques mots sur les suffixes des noms du chat: *ò* (= aud), *i* (dimin.; cf. *mini*, *misti*, *cati*) et surtout *ou*, *ouf* (oufle).

Le suffixe *ou* est caractéristique pour cette nomenclature (cf. *marcou*, *marlou*, *matou*, *mitou*) et parait remonter à *miaou*: le Pas-de-Cal. *caou*, matou (de *ca*, chat) en a subi l'influence. Cet *ou* final alterne tantôt avec *eu* (cf. Ain *mateu*, matou, et Noyon *mareu*, â côté de *marou*) et tantôt avec *on* (fr. *minou* et *minon*, Lyon. *mirou* et *miron*, anc. fr. *mitou* et Poit. *miton*).

Le suffixe *ouf* (oufle) affecte, de même, les noms familiers du chat, tels que *milouf* (anc. fr. *mitouflet*), Vienne *marouf*, matou (cf. Holiband, *Dict. fr.-angl.*: un gros *maroufle* signifie proprement un gros et grand chat), etc.; le sicilien *gattufu*, petit chat en porte la trace. Ce suffixe, de même que *aud*, a été extrait des noms propres germaniques: Ernouf, Marcouf, Renouf ... L'hypothèse qui fait dériver les noms enfantins du chat des noms propres, a été suggérée par ce fait.

34. Du riche tableau des noms familiers du chat que nous avons présenté plus haut, un très petit nombre seulement a eu la fortune de pénétrer dans la langue littéraire ancienne ou moderne. Quelques mots sur ces privilégiés entre les termes patois.

La forme ancienne *migne*, chatte, n'a été conservée que par le nom propre *Migne* et ses dérivés *Mignard*, *Mignet*; celle plus moderne, *mine*, par son dérivé *minaud* (Anc. Th. fr., I, 290) et par ses composés, au sens figuré, comme le *grippe-minaud* („archiduc des chats-fourrés") de Rabelais,[1] le type des juges rapaces, surnom que La Fontaine a rendu au chat (VII, 16: *Grippeminaud*, le bon apôtre).

Il est tout naturel que des termes qualifiés de bas et de triviaux ne se rencontrent pas dans les œuvres de haute littérature. Il faut descendre dans les bas-fonds littéraires du XVIe siècle et aborder cette œuvre étrange qui s'appelle *le Moyen de parvenir*, pour y trouver, dans un dialogue bravant l'honnêteté, les premières mentions des noms familiers du chat (p. 226): „Ma mie, ma mie, dit l'abbesse, le vôtre n'est qu'un petit *minon*; quand il aura autant étranglé de rats que le mien, il sera chat parfait, il sera *marcou*, *margaut* et maître *mitou*."

Ce dernier nom rappelle „notre maître *Mitis*" de La Fontaine, et on le rencontre déjà au XVIe siècle, dans un sermon de Menot: „O, dicit mater, si eatis juxta illum quem vocatis *le bonhomme*, et

---

[1] Le même terme désigne, dans le *Moyen de parvenir*, le jeu enfantin connu de nos jours sous le nom de la „Bête qui monte": les mères pour amuser leurs petits enfants, leurs promènent la main, en agitant les doigts, du ventre au menton, les chatouillent en répétant *grippeminaut! grippeminaut!* C'est à ce jeu que fait allusion le passage suivant (éd. Jacob, p. 392): „Ces écus sont pour vous si vous, en pouvez prendre trois poignées, ha! en disant sans rire *grippeminaut!*"

vocatis *Mitis*, comedet vos . . ." Et c'est vers la même époque que Bonaventure Des Périers, dans sa XXIII nouvelle, spécule sur l'origine du mot, émettant une étymologie qu'on a répétée depuis à satiété.[1] D'ailleurs, *mite* lui même, dont *mitis* est une autre forme hypocoristique, revient déjà au XIII siècle, dans le *Roman de Renart*, dans un vers où le terme enfantin est juxtaposé au nom proprement dit de l'animal (XXIV, 121): „Si l'une est *chatte*, l'autre est *mite*", c.-à-d. l'une et l'autre femme se valent. Les dérivés ancien français du même nom, *mitau* et *mitou*, se rencontrent dans les *Serées* de Bouchet (éd. Roybet, III, 55): „Un gros *mitau* de chat, un jour visitant une garenne et voyant mon *mitou* ainsi accoustré, faisant si bien la chatemite, je n'eus le courage de le chasser."

Voilà, à peu près, ce qu'on trouve jusqu'au XVI siècle en fait de témoignages littéraires sur les noms familiers du chat. Cette petite place occupée dans la littérature sera plus tard largement compensée par l'expansion des formes secondaires, des dérivés et composés de ces noms. Ceux-ci, perdant toute trace de trivialité, subissent un changement profond, en s'enrichissant d'idées nouvelles, et parviennent à se faire une place dans la langue littéraire. Cette transformation s'opère grâce au travail métaphorique que nous allons aborder.

---

[1] „ . . . *Mitis*, car vous sçavez bien qu'il n'est rien tant privé qu'un chat, et même la queue qui est soueve quand on la manie, s'appelle *suavis*." Voir 20.

Deuxième Partie.

Sens des noms du chat.

I. Sens romans de *cattus*.

35. Le plus ancien monument où il soit question du chat est
la vaste collection des contes d'animaux qui aboutit au XIIIe siècle
au *Roman de Renart,* avec ses vingt-sept branches. Le chat, appelé
Tybert, n'y occupe pas la dernière place, et on y trouve plus d'un
épisode curieux de sa vie physique et morale. On a déjà mentionné (12) le trait charmant décrivant la grâce de ses jeux; voici
maintenant un épisode curieux au point de vue des mœurs du
temps, celui de *misire Tiberz li chaz* que les vilains trouvent sus-
pendu aux cordes des cloches qu'il fait sonner (XII, 1296):

> Dant Tybert troverent pendant
> As cordes, molt l'ont conjuré
> Que il lor die verité,
> S'il est bone chose ou non.

Et le malin ne se presse pas d'éclaircir leur doute: „Il ne respont
ne o ne non." On voit ici un des plus anciens témoignages de
la croyance populaire en la nature démoniaque du chat, considéré
comme inséparable du diable et des sorciers.

Il faut ensuite franchir quatre siècles (car les fables de Marie
de France n'offrent aucun trait de la vie du chat qui soit original)
pour arriver à La Fontaine, le peintre par excellence de la vie
morale du chat. En somme, excepté quelques observations psycho-
logiques bonnes à retenir, il n'y a rien ou presque rien, au point de vue
linguistique spécial qui nous préoccupe, à glaner dans cette immense
histoire des faits et gestes des animaux. Le dernier remaniement
de l'épopée, *Renard le Nouvel,* est, sous ce rapport, de beaucoup
plus intéressant. Ou y trouve mentionné le cri du chat (Voir 7) et
les premières applications métaphoriques de son nom.

Parmi les autres œuvres romanes qui pourraient intéresser
notre sujet sous le rapport de sa documentation linguistique, citons
le fameux *Pataffio,* satire tant soit peu rabelaisienne du XVe siècle,
qu'on a atribuée à tort à Brunetto Latini. La Crusca le compte

parmi les monuments les plus vénérables du toscan;[1] il faut en
rabattre et reconnaître que cet écrit informe n'a que la valeur
médiocre d'un recueil de véritables coq-à-l'âne et de bizarreries
du parler vulgaire. L'auteur, tout en puisant largement dans l'argot
de son temps, se montre incapable de coordonner ses pensées
que de nombreuses allusions à des faits contemporains rendent
impénétrables.

Citons encore, en passant, la *Gatomaquia* de Lope de Vega
(m. 1635); l'illustre poète y célèbre en sept *silvas* les amours de
deux vaillants personnages, la chatte Zapaquilda et le matou
Micifuf. C'est un brillant jeu d'esprit poétique, auquel l'auteur
souhaitait une renommée universelle:

> Y escucha mi famosa Gatomaquia,
> Asi desde las Indias a Valaquia
> Corra tu nombre y fama.

De l'ensemble des faits qu'on vient de rapporter se dégage
cette conclusion: que l'évolution sémantique du nom chat ne
remonte pas au-delà de la seconde moitié du XIIe siècle, et que, en
faisant abstraction d'un cas isolé, le bas-latin *musio* (24°), cette
constatation nous sera d'un grand secours dans la discussion des
problèmes étymologiques, en même temps qu'elle nous servira en
quelque sorte de garde-fou contre des rapprochements imaginaires.

36. Le point de départ des sens figurés du mot *chat* (*chatte*),
dans les langues romanes, a été une ressemblance plus ou moins
frappante, une assimilation totale ou partielle au physique de
l'animal ou à l'une de ses parties. Ses griffes, par exemple, ont
fourni à la technologie l'image de tout ce qui est crochu; ses
poils soyeux, à la botanique, celle des fleurs pendantes, etc. Il
faut pourtant ajouter que ces analogies sont le plus souvent super-
ficielles, sommaires et grossières, la précision des contours étant plutôt
le caractère de l'art que celui du langage, lequel se borne à rendre
approximativement et à sa façon les impressions reçues du monde
extérieur. Les métaphores linguistiques ne sont jamais adéquates
aux images des choses, elles sont souvent flottantes et lointaines,
parfois indéterminées et indéterminables. Souvent aussi le point
de ressemblance, le *tertium comparationis*, échappe, et, ne pouvant
saisir l'image qui a produit la métaphore, on se contentera d'indiquer des cas analogiques.

Dans le dénombrement des métaphores tirées du nom *chat*,
nous ferons ressortir d'abord les acceptions les plus concrètes, les
plus matérielles, à savoir celles qui ont un rapport plus ou moins
direct avec le physique de l'animal, pour aboutir aux significations

---

[1] On lit dans la préface de l'édition de Naples, 1718: „il monumento
più venerabile della lingua toscana, il codice autentico della legislazione
della Crusca", et Varchi y trouve „migliaja di vocaboli motti proverbi ri-
boboli, e oggi di cento no se ne intenda pur uno".

qui se rattachent plutôt aux penchants et allures du chat, à son caractère moral et social.

A. D'après la forme du chat.

Le nom *chat* (*chatte*) désigne:

37. En zoologie,

a) Plusieurs espèces de poissons, principalement de la famillle des squales, qui offrent la figure d'un petit chat:

alose feinte (appelée aussi „pucelle"): Royan *chatte*, Guy. *gata* (d'où fr. *gate*, Oleron *gatte*);

chimère: pr. *cat*, fr. *chat de mer*, esp. *gato de mar* (cf. allem. *Seekatze*, id.);

lamprillon: Vosges *chette*;

roussette: pr. *cata*, Venise *gatta*, catal. *escat*; pr. *gat*, d'où anc. fr. *gat* (Belon, 1531: Un *gat* qui est ce qu'on nomme une roussette); it. (pesce) *gatto*.

b) Des insectes, notamment la chenille, dont l'aspect velouté et la conformation oblongue ressemblent à ceux d'une chatte:

chenille: Auv. *cato*, Loire-Inf. *chatte* (Puy-de-D. *chato*), Béarn. *gato*, H.-Italie *gatta*; cf. Pic. *cahou* („matou"), nid de chenille, réto-r. *ghiata*, ver oblong, et Suisse allem. *Teufelskatze*, chenille;

larve de hanneton: Guern. *catte* (Rolland, III, 247);

scolopendre: St. Malo *chatte* (Ibid.);

ver à soie: Bol. *gatt*;

ver luisant: Basse-Auv. *tsato*,[1] Ossola *gata*.[2]

38. En botanique,

a) Des plantes pourvues d'épines, ou à la forme rampante:
ajonc (arbuste à feuilles épineuses): catal. *gatosa*;
bugrane (plante épineuse): esp. *gata*;
serpentine: esp. *gata* (cf. Orne *pied de chat*, renoncule rampante).

b) Les fleurs lanugineuses de certains arbres (chêne, coudrier, noyer, peuplier, saule), comparées au pelage soyeux de l'animal, ainsi que l'involucre des légumineuses:

chaton: fr. *chat*, pr. *gato*, it. *gatto*;
gousse (l'enveloppe conçue comme la larve de la plante): pr. *gato*, For. *gatta*.

c) Des arbres, dont les fleurs sont disposées en chatons: peuplier blanc (ital. *gatto*).

d) Des fruits assimilés à la tête du chat:
châtaigne (petite): Mayen. *chatte*;

---

[1] Dauzat, dans l'*Annuaire de l'Ecole des Hautes-Etudes*, 1902, p. 126.
[2] Salvioni, dans le *Kritischer Jahresbericht*, IV, 1, 171.

concombre (d'Egypte): fr. *chatte*; cf. it. *zatta*, variété de melon; poire (pierreuse): fr. *chat*, *pôire-chat*; cf. allem. *Katzenkopf*, id.

39. En minéralogie, matière dure qu'on trouve dans l'ardoise: fr. *chat*; cf. allem. *Katze*, id.

40. En agriculture, petit tas de javelles dressées en forme de cône: Pic. *caou*, *cahou*, propr. matou; dans les Vosges, *prendre le chat*, c'est achever la fenaison ou la moisson (Sauvé).

41. Dans la météorologie populaire, petits nuages qui paraissent monter sur le versant des montagnes: esp. *gatas*, H.-Italie *gattoni*; cf. Bavar. *Katz*, masse de nuages sur les montagnes (à Mecklemb., on dit des gros nuages, *der bûle Kater kommt*); l'allem. vulg. assimile les vagues de la mer à une chatte grise (*graue Katze*).

42. Applications techniques.

a) Outils et charpentes, ou excavations:

chevalet (de couvreur): fr. *chat* (en argot: couvreur):
toit (pour abriter les sapeurs): esp. *gatas*;
canal (cf. chat de gouttière): Parme *gat*;
fosse (pour planter la vigne): Monferr. *gat*; cf. *cattus*, syn. de *vinea*, dans Végèce (Voir 1).

b) Diverses machines de guerre, au moyen âge:

galerie (montée sur roues, pour cheminer à l'abri): anc. fr. *cat* ou *chat* (Froissart, I, 201: ... un grant beffroy a trois estages qu'on menoit a roues et estoit breteskié et cuiré ... et l'appeloient les plusieurs un *cas*);
machine à battre les murs (ayant la tête en forme de chat): anc. pr. *cata*, anc. it. *gatto*; cf. allem. *Feuerkatze*, machine pour assiéger.

c) Navire, et ce qui s'y rattache:

vaisseau de guerre (au moyen âge): anc. fr. *chat* (XIIe s.) et *chatte* (XIIIe), ce dernier passant en Italie (*sciatta*, *zatta*) et en Espagne (*chata*); Guill. de Tyr (XII, 22), trad. fr. vers 1200: „En celle navire si avoit nefz qu'on claime *chaz* qui ont bec devant (= quædam naves rostratæ, quas *gatos* vocant) comme galies, mais elles sont greigneurs." Le bas-lat. *catta*, *cattus* (*gattus*), transcription de l'anc. fr., désigne un navire du genre des galères, appellé encore *dromon* (,,coureur"): donc, vaisseau à course rapide comme celle du chat;[1] de là, it. *gatta* (*gatto*), vaisseau couvert, anc. fr. *gat*, galère (auj. dans le Roussillon, *gato*, barque), et fr. mod. *chatte*, chasse-marée servant à la pêche;

---

[1] Kemna (*Der Begriff „Schiff" im Französischen*, Marburg, 1901, p. 140, 183) dérive le fr. *chat*, vaisseau, du norrois *kat*, id.; mais le mot germanique signifie lui-même ,,chat" et représente la même métaphore.

charpente (sur laquelle passe le câble): wall. *chet*; esp. *gata*, hune de navire;

escalier pratiqué dans une roche escarpée (qui conduit à la mer): fr. *gat* (terme pris au pr.); cf. allem. *Katzentreppe*, redens d'un pignon crénelé.

B. D'après les parties de son corps.

43. Par analogie aux griffes du chat, divers outils plus ou moins recourbés:

ancre: esp.-port. *gata* (gato), anc. roum. *cătuşă* et *mîţele corabiei* („les chattes du navire"), image également familière aux langues germaniques (néerl. *kat*, angl. *cat*, allem. *Katze*) et slaves (anc. sl. *kotva*, serbe *mačka*, chatte et ancre; cf. magyar *vas-macska* „chatte de fer"), et qu'on rencontre déjà dans une glose d'Hésychius (IV, 2: γρύπες· ἄγκυραι), où le griffon se substitue au chat, inconnu à l'antiquité classique;

crochet (à branches de fer): fr. *chat* (*à griffes*), pour visiter les canons; wall. *chet* („chat"), engin que l'on adapte à la faux; cf. Hain. *cat*, morceau de bois posant sur deux pieds et sur son extrémité inférieure avec une broche de fer en tête pour enfiler la bobine; cf. bas-lat. *gattus*, uncus ferreus trifidus, et anc. pr. *gat*, crochet (*nas de gat*);

grappin (servant à ramener du fond de l'eau des bouts de câble): fr. *chât*, *chatte*; cf. St. Pol *co*, Hain. *cat* (pour retirer les seaux tombés dans un puits);

mouton (pour enfoncer): it. *gatto*; cf. Suisse allem. *Chatz*, id.;

pièce de bois courbée reliant le joug au chariot: roum. *cătuşă*;

pince (pour tirer les cercles): fr. *chat*; cf. Dauph. *chato*, morceau de bois fendu formant compas et pince;

soupape (d'un soufflet): Gênes *gatto* (do mantexo);

traverse qui relie deux pièces de bois: roum. *cătuşă*; pr. *càto*, dalle (allem. *Katzenbalken*, faux-entrait); cf. bas-lat. *gatta*, trabs lignea (G. Ferraro, *Gloss. Monferr.* s. v.).

44. Le pelage du chat a fourni, à son tour:

brosse (pour nettoyer le vaisseau): Venise *gatto*;

drap (de basse qualité): fr. *chat*;

duvet: Parme *gat*;

fourrure (de chat): anc. fr. *chat* (Godefr. 1386: pour les pourfilz de dessoubz douze *chas*);

fourrure (que les dames portent au cou): it. *gatto*; cf. Suisse allem. *Chatz*, boa et gant fourré;

mèche de cheveux (sourtout embrouillés): Suisse, Sav. *cata* (Genèv. *catte*, boucle); et fig. imbroglio: Romagne *gatto*.

45. La peau de l'animal: bourse (et l'argent qu'on y garde): esp.-port. *gato* (et petite outre de peau de chat).

46. La queue du chat: fouet (fr. *chat à neuf queues*); cf. russe *koški*, id., pl. de *koška*, chatte.

C. Emploi hypocoristique.

47. Terme d'amitié qui s'adresse à un petit garçon, à une jeune fille ou à une jeune femme: fr. *mon chat! ma chatte!* de là:

garçon et jeune fille: Gasc. *chat*, *chato*, qui se se sont définitivement substitués aux lat. *filius*, *filia* (à l'instar du *crapaud* en wallon), de sorte que l'illustre poète de *Miréio* a pu ouvrir son poème par ce vers:

Cante uno chato de Prouvenço ...

père et patron (qui inspire le respect): Sic. *gattu*; cf. argot français *chat*, geolier.

48. Nom de jeux enfantins où l'on se poursuit en courant: fr. *chat*, pr. *chata*, cache-cache; dans ces jeux, on appelle *chat*, celui qui est obligé de courir après les autres, celui à qui on bande les yeux, etc.

D. Emploi euphémique.

49. En fr. pop., on appelle *chatte*, une femme douillette et passionnée (cf. amoureuse comme une chatte); cf. argot angl. *cat*, prostituée; ensuite:

nature de la femme: fr. pop. *chat*; cf. bavar. *Katz* et angl. *pussy*, id.;

pédéraste: argot fr. *chatte*; cf. allem. *Katzenritter* („dicuntur sodomitæ quos Ausonius *feles pullarius* appellat", Stieler); en lat., *feles pullarius*, chat aux jeunes garçons, homme dépravé qui guette et corrompt les enfants.

50. Diverses locutions interjectives dans lesquelles le nom de l'animal se substitue à des termes que la superstition ou la bienséance défend d'employer: it. *catta!* (dial. *cattara! cattula!*), exclamation de colère et d'étonnement, et *gatti! gatti!* gare! que Dieu nous préserve! En fr.: *c'est le chat!* pour dire qu'on ne croit pas une excuse vraie: *chatte!* jamais! ce n'est pas possible! („On emploie cette expression lorsqu'on retire, en plaisantant, un objet qu'on feignait d'offrir à un enfant", Jaubert) et *ma chatte!* exclamation ironique qui équivaut à: je t'en souhaite, tu peux y compter (Dottin). Cf. Suisse allem. *Chätzli!* pour exprimer l'étonnement ou une malédiction.

E. Epithètes.

51. Le dernier terme de l'évolution sémantique du nom *chat* est son emploi comme simple épithète, se rapportant aux penchants attribués à l'animal:

gourmand: anc. fr. et pop. *chat*, et fr. *chatte*, femme très friande (cf. friande comme une chatte); cf. fr. dial. *marpo*, chat (27);

ivre: catal. *gat*; Rom. *gatta*, cuite; le Sic. *pigghiar la gatta*, se griser („attraper la chatte") répond au port. *tomar a gata*, id.; cf. allem. (Autriche) *Katz*, cuite, et *einen Kater haben*, avoir la migraine à la suite d'un excès de boisson;

querelleur (le chat étant très enclin aux disputes): it. *gatta*, querelle et affaire scabreuse (*voler la gatta*, chercher noise); cf. allem. *katzen*, se disputer entre époux;

rusé (cf. éveillé comme un chat qu'on fouette): it. *gatto* (uomo), pr. *cat* (fin); esp. *gato*;

sot (cf. *finaud*, sot): it. *gatto*, rustre;

voleur (cf. lat. *feles*, id., et Plaute *feles virginalis*, ravisseur): it. *gatto*, esp. *gato*.

52. Applications isolées:

ce qui coule d'un creuset par accident, en fonderie (= escapade): fr. *chat*;

enrouement subit (on ne peut alors chanter, on miaule): fr. *chat*; cf. fr. pop. *enrhumé*, qui a des chats dans la gorge;

monnaie (anc. Norm. *maille au cat*, monnaie qui portait l'empreinte d'un chat): fr. argot *chat*, pièce de cinq francs, anc. écu de six livres.

Ce dénombrement ne contient qu'une partie du développement sémantique de la notion chat. Les formes secondaires, dérivées et composées, fourniront un contingent autrement considérable, que les sens figurés des noms hypocoristiques de l'animal viendront enrichir et compléter.

II. Sens des dérivés romans de *cattus*.

53. Il est indispensable d'avoir recours à quelques critères généraux pour introduire un peu de clarté dans l'abondance des matériaux représentant les sens des formes secondaires du nom chat. Ces critères seront fournis par les notions sous lesquelles on groupera leur expression en roman. On évitera ainsi des redites continuelles dans une matière touffue par elle-même, et on sera à même de fournir sur chaque groupe sémantique tous les renseignements qu'il comporte.

Mais, avant d'aborder ces nouvelles séries de significations, nous tâcherons de faire ressortir par un exemple la grande variété de formes dont sont susceptibles certains dérivés de *cattus*. Il s'agit de la notion de *chatouiller*,[1] qui ne remonte pas au-delà du XIIIᵉ siècle: c'est une formation romane, c'est-à-dire analogique, ce

---

[1] Voir l'article de Flecchia dans l'*Archivio* (II, 318—332) et surtout la carte *chatouiller* de l'*Atlas linguistique* (les nombreux types qui s'y trouvent consignés ont été fournis, outre le chat, par le chien, le cochon, le coq, etc.).

qui explique ses nombreuses variantes absolument irréductibles au latin.[1] La Gaule et la Haute-Italie ont tiré cette notion du nom du chat, l'animal caressant par excellence, qui l'avait également fournie au germanique (*kitzeln*, de *kitze*, minet, déjà dans l'anc.-haut-allem.). Les variantes anc. fr. du mot, dont la plupart se retrouvent dans les patois, se réduisent aux types suivants: *catailler*, *cateiller* (chateiller), *catiller* (chatiller, gatiller), *catoiller* (chatoiller), *catouller* (chatouller, gatouller) et *catouiller* (gatouiller); ou pourvues de préfixes, dans les patois (Pas-de-Cal.: *décatouiller*, Marne *décatiller* A., et Sarthe *échatouiller* A). Le wallon a *cati* (gati, gueti), comme le bergamasque et le provençal, dans ce dernier à côté de *catilha* (chatilha, gatilha), *catiga* (chatiga, gatiga) et *catigoula* (chatigoula), toutes formes tirées des diminutifs, à l'instar de l'it. *gattigliare* (sgattigliare), chatouiller en grattant (Duez), et *gattarigolare*, chatouiller de la griffe (Id.), verbes d'ailleurs d'origine dialectale.

Le même verbe a subi, en français, diverses contaminations sous l'influence de notions analogiques telles que *gratter* (Aube *gratouiller*, Sav. *gratlyi*, pr. *gratilha*), et surtout de *châtier*; de là, déjà au XIIIe siècle, *casteiller* (Renard le Nouvel, v. 6910: L'une *casteille*, l'autre rit) et, plus tard, *castouiller* (Commines, VI, 7: ... ses subjects estoient un peu *chastoulleux* à entreprendre auctorité...), à côté de l'anc. pr. *castiglar* (déjà dans le Donat) et *catiglar*, à l'instar de l'artésien *gastiller* (Pic. *catiller*).

Les formes secondaires du nom chat désignent:

54. En zoologie,

a) Des poissons:

fretin (le menu poisson assimilé à des minets): pr. *chatelli*;

lamprillon (37): pr. *chatilhoun*, fr. *chatillon* (XVIe s.), dont la forme contemporaine *chatouille* présente des variantes antérieures (1450: *satouille*, *satrouille* et *chatrouille*) encore vivaces dans les patois (Rolland, III, 137);

roussette (37): pr. *cateto*, Vén. *gattina* et *gattuscio* (Gênes *gattusso*), Sic. *gattaredda*, it. *gattuccio*.

b) Des insectes:

chenille (37[b]): Corrèze *tsotilho* A., H.-Italie *gattina* (gattola), Sic. *gattaredda*;

ver à soie (37[b]): Piém. *gatina*, Mil. *gatin*.

c) Des oiseaux, dont le cri ressemble à certaines modulations du miaulement:

macreuse (double): pr. *gatouniardo* („grosse petite chatte");

milouin (canard): pr. *catarous* (cf. *cataras*, matou); cf. Suisse allem. *Chätzli*, canard morion.

---

[1] Ménage, d'après Julien Taboët, dérive *chatouiller* du lat. *catullire*, être en chaleur, dit de la chienne (et cette étymologie a passé chez Diez); Flecchia pose des types tels que *cattuculare*, *catticulare*, etc., propr. chatter.

55. En botanique,

a) Des plantes épineuses ou agréables au chat:

bardane: Abr. *gattella*; Genève *gattelion*, bardane, et Sav. *gatelion* (gatolion), capitules de la bardane;

bugrane (38): esp. *gatillos* (gatinos) et *gatuna* (gatuña); Galice *uñas gatas* (= gatuñas);

dentelaire (sur laquelle les chats aiment à se rouler): pr. *catussel* (Gasc. *catusso*);

gratteron: Lyon. *catolle*;

herbe-aux-chats: fr. *cataire* (chataire), Piém. *cataria* (gataria), esp. *gataria*, roum. *cătuşnică*;

trèfle des champs (appelée „queue de chat“, à Noirmoutier): pr. *catoun*, Bess. *chaton*, Vendée *chatounette* (Rolland, *Flore*, IV, 139).

b) Les folles fleurs des amentacées (saule, peuplier, etc.), à cause de leur forme lanugineuse, et l'involucre des plantes:

chaton (38ᵇ): fr. *chaton*, métaphore datant du XVIᵉ s. (Palsgr. 251: *chatton* de saule), Norm. *caton*, pr. *catoun*; Piém. *ciaton*, fleurs du châtaignier, it. *gattino* (cf. allem. *Kätzchen*, angl. *catkin*);

gousse (38ᵇ): pr. *gatilhoun*, Côme *gatigol*;

noyau (de noix): it. *gattone* (Duez) et Sic. *gattaredda* (et grain de blé).

c) Les amentacées [1] elles-mêmes:

peuplier (blanc): it. *gattero* (gattice);

saule: pr. *catié* (chatié), H.-Ialie *gattolo* (gattone), esp. *gatillo*, d'où fr. *gattilier* (1755).

d) Des fruits, ou des tubercules:

châtaigne (38ᵈ): pr. *cati* (petit chat"), châtaigne avortée;

poire (variété, 38ᵈ): pr. *catilha*, propr. petite chatte; cf. Suisse allem. *Chatzebirn*, sorte de poire;

pomme de terre (bulbe pareil à la tête d'une chatte): Jura *catine* (catine-catine A.), propr. petite chatte; cf. allem. *Katzenkopf*, pomme de terre.

e) Termes relatifs à la vigne:

plant noir: anc. fr. *chattine*; esp. *gatera*, raisin noir;

vrille (à cause de sa forme enroulée): H.-Loire *chatoulle* (Roll., III, 221).

Ou aux arbres, en général:

élaguer ou couper les rejetons (= chatons): Mil. *gatinà*;

fructifier ou fleurir (= pousser des chatons): pr. *catounà*, Berr. *chatonner* (chatouner).

56. En minéralogie, caillou, dont la forme arrondie rappelle la tête du chat: pr. *catoun* (catouno), répondant au Béarn. *cap de*

---

[1] Voir Nigra, dans l'*Archivio* (XIV, 279 s.), pour l'étymologie des noms d'arbres à chatons.

gat, caillou; cf. Maine *têtes de chat*, calcaire qui se rencontre par petites masses rondes.

57. En agriculture, champ inculte, comparé à un petit chat, c'est-à-dire non développé: port. *gatenho*.

58. En météorologie populaire, nuages qui effleurent les côtes des montagnes (41): H.-Italie *gattoni*.

59. Applications techniques,

a) Supports et excavations:

canal (pour draîner): Vén. *gattola*, Ferr. *gattul*; cf. Monfer. *gatée*, *sgatée* (= *ir à gatt*), creuser des fosses pour planter la vigne (42ª);

console (support à tête de chat): it. *gattello*;

machine pour assiéger (42ᵇ): anc. pr. *gaton*;

poulie (corde enroulée): Sav., Suisse *catelle* (pour élever les gerbes de la grange); cf. esp. *gato*, cric, et allem. *Katzenrolle*, id.

b) Divers outils, d'après leur forme recourbée:

crampon (43): esp. *gatillo*; cf. it. *gattiglio*, jante de roue (Duez);

davier (= crochet): esp. *gatillo*;

égoïne (scie au manche recourbé): it. *gattuccio*; Galice *gateño*, faucille pour couper les herbes;

gâchette (d'une arme à feu): Genève *gatillon*, Sav. *gatolion*, Piém. *gation*, catal. et port. *gatilho*;[1]

menotte (= crampon): roum. et esp. (cf. 1), d'où *a încătuşa*, enchaîner, et *engatar*, *engatillar*, attacher avec des liens de fer.

c) Termes relatifs au filage:

peloton (image du chat roulé sur lui-même): cf. roum. *cotcă*, pelotte (anc. slave *kotka*, chatte) et bavar. *Katze*, peloton de chanvre roulée;

poupée (de coton ou de laine), même image que la précédente: pr. *çatoun* (chatoun), loquette qu'on file au rouet; it. *gattone*, quantité d'étoupe bonne à filer; cf. Suisse allem. *Chätzli*, loquette de coton ou d'étoupe qu'on prend en main pour filer; de là, les notions de

attraper (cf. embrouiller): Mil. *ingattiá*; Padoue *incatigio*, truc, et *incatigion*, brouillon;

emmêler (des poils, des cheveux, cf. 44): Sav. *encatla*, Vén. *incatigiar* (ingatigiar); Ferr. *gattiara*, cheveux emmêlés, et *sgattion* (Parmo *scation*), personne aux cheveux ébouriffés;

embrouiller (44): Vén. *ingattolare*, H.-Italie *ingattiar* ou *ingattigliare*.[2]

---

[1] Cf. port. dial. (Algarve) *dar ao gatilho*, fig. mourir.
[2] Parenti: „Noi Lombardi diremo p. es. *una matassa ingattigliata*, con viva metafora esprimente l'azione di un gatto che vi avesse giucato per entro

d) Termes relatifs aux fourreurs, etc.:

manchon (44): it. *gattino*; Sic. *gattinu*, fourrure de lapin; cf. Yonne *s'encatiner*, s'emmitoufler (= roum. *încotoşmăna*, id., de *cotoşman*, matou); anc. port. *gattum* (manto), manteau fourré;

chagrin (peau de): Nice *gatusa* (= pr. *pel de cat*, id.).

60. Faits concernant la vie physique du chat:

être en chaleur: pr. *catouneja* (*catouna*, désirer ardemment), it. *andare in gatteccio* (gattesco), demander le matou (Duez), et *gatteggiare*, courir la nuit comme les chats (Id.), Sic. *gattiari*; de là,

s'amouracher: pr. *s'achatourli*, it. *ingattire* (cf. *amor de gatto*, amour furieux, jaloux et querelleur); et

rut: Monferr. *gaturnia*; cf. *gatun*, février („toute chatte a son février", et Béarn. *lou mes de la gatalha*, le mois de février, la période des amours);

chatter: pr. *catà* (catouna, gatouna), anc. fr. *chatener*, *chatonner* (chatouner), mod. *chatter* (XVIᵉ siècle); it. *gattolare*;

gronder: it. *gattilare*, crier comme un chat (Duez; auj. Romagne), bas-lat. *catillare*, vocem edere instar felis (Duc.); Clairv. *catouner*, bougonner, Berr. *ragatoner* (rogatoner); Sienne *rigattare*, Sic. *catuniari* (cf. *gattaredda*, râle des asthmatiques et des moribonds);

s'accroupir (comme le chat près du foyer): May. *s'catiner*, se blottir, et *s'catonner*, se ramasser à la façon du chat prêt à s'élancer sur sa proie (Du Bois); Sic. *aggattirisi*, id.; Galice *gatiñas*, accroupi;

égratigner: esp.-port. *gatear*, port. *agatanhar* (dial. *esgatear*), it. *gattonare* (Duez) et *ragattinare*, enfoncer les griffes dans le dos de quelqu'un;

fouiller: Piém. *sgaté* (V.-Soana *scatar*); cf. Monferr. *gatté*, fouger (du porc); Mayen. *ragatoner* (rogatoner), chercher à tâtons dans un coin; cf. roum. *scotocesc*, fouiller, de *cotoc*, matou;

frétiller: Mayen. *chatoner*;

gambader: pr. *catouneja* („sauter comme un chat"), piétiner (du lièvre et du lapin), lorsqu'ils font des tours et des détours et qu'ils brouillent leurs traces; Genève *s'égatter*, se débattre, se divertir;

grimper: May. *chatoner*; Berg. *gatás su*; esp. *gatear*;

ramper: Norm. *catoner* (à *catons*, à quatre pattes), anc. fr. *chatouner* (XIIIᵉ siècle), auj. terme de vénerie: marcher doucement (du chien, se trouvant près du gibier), à l'instar de l'it. *aggattonare* (cf. *gatton gattone*, tout doucement); esp. *agatar* (= andar a gatas), port. *engatinhar* (= andar de gatinhas);

rôder: Piém. *gatoié*;

se sauver: Mil. *sgatona*, esp. dar *gatado* (gatazo); pr. *gatado*,

---

coll' ugne" (cité par Galvani, *Saggio* s. v. *gatt*). Voir Mussafia, *Beiträge*, p. 68; Nigra (*Archivio*, XV, 492) dérive H.-Italie *ingattiar*, de *gatta*, chenille, qui remonte à la même notion (37ᵇ).

sortie des ouvriers; Genève *gatter*, faire l'école buissonnière (*gatte, gattance*, escapade).

61. Ajoutons la chatière: fr. *chatière* (XIIIe siècle), Pic. *catière*, anc. fr. *chatounière* (Yonne *chatougnière*), pr. *catouniero*, Nice *catoniera*, Piém. *ciatonera*; it. *gattaiola* (gattarola), Monferr. *gatarora* (Messine *jattalóra*); esp. *gatera*, port. *gateira*. Le terme s'est d'abord généralisé: *caterole* (cf. it. *gattarola*), trou de lapin (XVIe siècle), et *catiche*, trou de loutre (1690), propr. chatière, dérivant de l'anc. *cate*, chatte, à l'aide des suffixes diminutifs analogues à *moucherolle* et à *pouliche*. A la notion de chatière remontent:

cachot: Pist. *gattaiola*, Piém. *gatogna*; cf. H.-Italie *ingatiar*, emprisonner;

conduit: fr. *chatière*, Pic. *catière*, gouttière;

soute aux poudres: port. *gateira*;

subterfuge: it. *gattaiola*;

trou (d'un robinet): pr. *catouniero*; esp. *gatera*, écubier: — fente (d'un jupon): pr. *catouniero*; it. *gattarola*, ouverture de devant d'une chemise.

62. Faits concernant la vie morale du chat:

allécher: Morv. *achatir* (achaiti), pr. *agati* (d'où fr. pop. *agater*);

caresser: *chatouiller* (53); pr. *catelá* (catouna): cf. *fa catetos*, cajoler; Norm. *catiner*, cajoler („comme le chat qui réclame des caresses", Moisy), Montbél. *chaiti* (chaitener), Berr. *chatoyer* („flatter comme lorsqu'on caresse un chat", Jaub.); esp. *encatusar* (engatusar) et *engatar*;

griser (se: cf. ivre, 51): H.-Italie *ingatiar*; esp. *gatera*, cuite;

fâcher: wall. *s'écatiner*, se dépiter; pr. *catuna* (catigna), *encati* (et être maussade);

quereller (se, 51): it. *gattigliare* (aggattigliarsi), répondant à l'anc. fr. *catillier* ou *castillier* (53), ce dernier encore vivace dans le patois de l'Yonne, d'où *castille*, petite querelle (1478), mot familier aux parlers du Centre, à coté de l'Yonn. *gatille*, id.; le chat est à la fois avide de combats et très câlin, ce qui explique le double sens de *harceler* (cf. l'ex. de Monstrelet s. a. 1452) et de chatouiller, inhérent à *gatiller* (castiller) et à peu près contemporain; réto-r. *ghiatinar* (ghittinar), disputer, et *chatin* (ghiatin), querelle; Sic. *catuna*, id.; it. *regattare* (Napl. *rigattare*), débattre,[1] disputer (cf. *gatta*, querelle, 45) et *regatta* (génois), *rigatta* (Sic., et *rigattu*), débat, émulation, et course de bateaux: de là, it. *regata* (anc. *regatta*), d'où fr. *régate*; esp. *regatear*, ruser entre deux galères;

se taire (le chat est taciturne): pr. *catá*;

voler (55): H.-Italie *gatá* (sgata), *gatiná*, picorer (*gatino*,

---

[1] Pieri (*Archivio*, XV, 214) dérive *rigattare* d'un type *recaptare*, en rappelant l'analogie sémantique de *reprehendere*; Caix (*Studi*, p. 141) tirait le verbe du fr. *ergoter*. Cf. Mussafia, *Beiträge*, 92 (Venise *regatar* = *far a regata*), et Koerting s. v. *riga*.

polisson); esp. *gatear*, et *gatuno*, filou, *gatazo*, escroquerie (port. *gatazio*, griffe de chat); cf. Suisse allem. *chatzen*, voler.

63. Les épithètes dérivant du nom du chat complètent la caractéristique de sa vie morale:

espiègle: anc. fr. *chaton* (Des Périers: *chatterie, chatonnie*, espièglerie), et Mayen. *chatoner*, faire l'espiègle; pr. *catoun* (chatoun), fripon, et *chatisso*, espièglerie, esp. *gatada*, id.;

gourmand (51): fr. *chataud* (dans Rétif de la Bretonne), auj. Yonne; Morv. *chatenet*; anc. fr. *chatter*, être friand (Oudin), et Berr. *achaiti*, rendre gourmand (fr. *chatterie*, gourmandise); it. *gatteggiare* (gattolare), friander comme un chat (Duez);

hypocrite (cf. dévot comme un chat, 51): Norm. *cataud*, réto-r. *chatin*, bigot; esp. *gateria*, hypocrisie (cf. *hacer la gata*); pr. *catasso*, femme dissimulée („grosse chatte“);

rusé (51): it. *gattone*, esp. *gatallon*; cf. esp. *gatada*, ruse du lièvre qui se blottit, laisse passer les chiens et rebrousse chemin;

vagabond (cf. rôder, 60): wall. *cati*, Montbél. *catin*, pr. *catounié* (et paillard); it. *rigattato*.

64. Maladies propres au chat ou qui les affectent fréquemment:

jaunisse: pr. *catoio* (appliquée aux légumineuses); cf. fr. *gattine*, maladie des vers à soie (terme originaire du Midi);

parotides (les oreillons étant assimilés à la tête d'un chat): it. *gattoni*, id. (cf. *capogatto*; dans les patois: avives);

rachitique (qui ne croît pas): port. dial. (Algarve) *engatado*, propr. semblable à un chat chétif;

tumeur (à l'encolure des mules): esp. *gatillo* (V. nuque, 65);

vomir: pr. *catouná* (Béarn. *gatilhá*), it. *fare i gattini* (= pr. *fa de minous*, faire des minets), à l'instar du bas-lat. *catillare*, et de l'angl. *to cat*, id.; cf. Sav. *catelá*, avoir de la répugnance (*cateleux*, dégoûtant).

65. Certaines parties du corps portent le nom du chat:

goître: Béarn. *gatarro*, propr. gros chat (= pr. *cataras*);

nuque (les petits chats ayant le derrière du cou très charnu): esp. *gatillo* (principalement chez le taureau et le mulet), „que parece gato aferrado en el“ (Covarruvias); cf. port. *gato*, terme de vétérinaire, portion de chair grosse du chignon des chevaux.

66. Emploi hypocoristique: nom d'amitié donné à un enfant (47): fr. *chaton* (en argot: individu charmant), Limagne *gatio*, le dernier venu, le petit; esp. *gatillo*, gamin.

67. Emploi péjoratif:

apprenti (= petit chat): esp. *gatuelo*;

femme mal mise (cf. fait comme les quatre chats): pr. *catarot* (chatarouio), et „chipie“; cf. roum. *cotoroanță*, vieille chatte et vieille femme laide et acariâtre;

hérétique: anc. fr. *catier*, épithète ironique donnée aux Albigeois (Mousket, v. 28249: Li mescreant furent nommez *Katiers*), qui rappelle le sobriquet donné par les catholiques allemands aux Bernois réformés, *Katzenküsser*, baiseurs de chat; dès le XIII⁰ siècle, on imputait aux hérétiques de baiser le derrière d'un chat,[1] comme hommage au diable (qui en prenait la forme); cf. Suisse allem. *Chätzler* (Chätzli), terme euphémique pour *Ketzer*;

marmaille (et foule): pr. *catuegno*, it. *gattumaglia* (cf. razza-maglia), esp. *gateria*, propr. engeance de chats;

revendeur (= disputeur, 62): it. *rigattiere* (de *rigattare*, débattre), pr. *rigatié* (le fr. *regrattier* a subi l'influence analogique de *gratter* et de *gratte*), esp. *regatero* (regaton) et *regatear*, regratter; cf. esp. *gatunero*, celui qui vend de la viande de contrebande;

vacarme (cf. musique de chats): Romagne *gateria* ("engeance de chats").

68. Applications isolées:

avoir des reflets changeants (comme l'oeil du chat): fr. *cha-toyer* (1753), it. *gateggiare*; esp. *gateado*, aux couleurs du chat (cendré, gris, noir, jaune, blanc); cf. pensée, 71 a;

brûlure (faite à une étoffe par une étincelle): pr. *catoun* (petit chat = petit trou, 61);

grumeau et gâteau (par assimilation à une tête de chat): anc. fr. et dial. *caton*, Suisse *gatolion*; pr. *catoun* et *gatilhoun*;

poche (gousse, 55ᵇ): pr. *gatol* (gatoun); cf. it. *sgatigliare*, débourser (Bas-Gâtinais *dépocher*, payer).

Les sens des formes secondaires de *cattus* embrassent ainsi les manifestations les plus importantes de la vie du chat; plusieurs ont franchi leur sphère primitive pour se généraliser dans la langue. Il importe maintenant de compléter ce tableau par les composés de *cattus*, dont nous allons constater la variété et l'importance.

III. Les composés romans de *cattus*.

69. Cette partie de notre travail est hérissée de difficultés et nous nous rendons pleinement compte des écueils dont elle est environnée. Nulle part ailleurs, peut-être, l'étymologie romane ne présente autant d'incertitudes ni d'obscurités, et le résultat de nos recherches tranche tellement avec les données généralement admises que ce n'est pas sans quelque hésitation que nous le présentons.

Avant d'aborder les diverses catégories de ces composés, remarquons que leur premier terme reflète les diverses formes romanes de *cattus* (3); que plusieurs de ces formes, qui témoignent

---

[1] Voir Du Cange, s. v. *cathari* (cf. Norm. *catonier*, qui aime beaucoup les chats, Du Bois). L'assonance des mots allemands, *Ketzer*, hérétique, et *Katze*, chat, a probablement facilité le rapprochement.

de pénétrations dialectales, ont subi un renforcement à l'aide des liquides *l*, *r*, et c'est ainsi qu'une autre série vient s'ajouter à la première: *cal* (gal), *car* (char), etc. La raison de cette amplification réside dans le caractère monosyllabique du masculin (le fém. *cata* ignorant ce renforcement); et, en effet, *cal* (car) aboutit parfois à *cali* (cari) en français, et à *cala* (cara) en provençal, c'est-à-dire à un mot dissyllabique. Des doublets tels que fr. dial. *capleure* et *carpleure*, pr. *caborno* et *calaborno*, *cabougno* et *carabougno*, viennent corroborer cette manière de voir.

Maintenant, si l'on ajoute à ces variantes multiples les nombreux termes enfantins désignant le chat (17 à 30), ou, ce qui revient au même, les diverses expressions du miaulement (6 à 11), on obtient un ensemble considérable de composés que nous répartirons dans les trois catégories suivantes:

A. Composés proprement dits.

Le second terme de ces composés peut être un nom ou, plus rarement, un verbe; le premier est ordinairement le mot chat, et ce n'est qu'exceptionnellement qu'il passe au second rang. Voici les notions que ces composés représentent:

70. En zoologie,

a) Des poissons, principalement de la famille des squales:

aiguillat (variété de squale, 37): pr. *cat-de-mar*;

épinoche (appelée en Lorraine „chette d'aue"): pr. *estranglo-cat* („étrangle-chat");

leiche (variété de squale, 37): pr. *cat-de-founs* (squale qui habite les profondeurs);

roussette (54): fr. *chat-rochier*, pr. *cat-auguié* („qui habite les algues") et *cato-d'aigo* („chatte d'eau"), d'après les endroits qu'elle préfère.

b) Des insectes, spécialement la grosse chenille (54[b]) aux poils longs, soyeux et touffus (appelée *peluso* en Dauphinée): H.-Italie *gatta plosa* („chatte poilue"), Norm. anc. et mod. *catepeleuse* (Palsgr.: *chattepeleuse*), Ille-et-Vil. *chattepelouse* A., à côté du Pic. *capleu* (Seine-Inf. *carpleu*) et *caplou* (Somme *carplou*), c.-à-d. chat velu, le pendant masculin du précédent; le même insecte s'appelle, à Guernesey, *catepeleure* (source de l'angl. *caterpillar*, XVIIe siècle), à côté du Norm. *capleure* (Calvados: *carpleure*), c.-à-d. pelage de chatte ou de chat (anc. fr. *catepeleüre*, toison de chatte); enfin, les variantes telles que *capleuse* (Oise *carpleuse*, Eure *charpleuse* A.) et *caplouse* (Calvad. *carplouse*, Orne *charplouse* A.) sont le résultat d'un compromis entre *catepeleuse* et *capleure*; Tyrol *giatamagira* (Alton), litt. chatte-pierre (sur laq. pullulent les chenilles);

scolopendre (43[b]): Boul.-sur-Mer *carplue* („chatte pelue"), Roll. III, 247.

c) Des oiseaux, d'après leur cri:

cormoran (comparé à un chat noir): pr. *cat-marin* („chat de mer“);

hibou (le plumage donne aux strigiens l'aspect particulier qui les fait ressembler au chat, dont ils ont encore le cri): Pic. *co-cawan*, hibou (= chat-hibou) et Yonne *chat-rouanne*, id. (de *rouaner*, miauler), Sav. *çafarou* (tsafarou, stafarou), hibou, propr. chat-hibou;[1] anc. fr. et wall. de Mons *cacornu* (Pic. *co-cornu*), chat cornu,[2] à cause des cornes qui ornent sa tête (cf. Génois *testa da gatto*, id.);

plongeon (son cri ressemble à un miaulement): Pic. *camarin* („chat marin“); cf. Guernes. *cat-drage*, espèce de plongeon;

tarin (son chant est une sorte de ronron): St.-Amé *chè-d'auné* (Roll., II, 191), propr. chat de l'aune, dont les bourgeons lui servent de nourriture en hiver.

d) Des bêtes de la famille des félins:

lynx: *chat-cervier* (anc. fr. *chat-loup*, port. *lobo-gato*): esp. *gato cerval* (d'où fr. *serval*, nom donné par Buffon au chat-tigre du Cap);

tigre (variété de): *chat-pard*, c.-à-d. chat léopard (1690), à côté de *guépard* (XVIIIe siècle), variante d'origine dialectale (*gaipard* pour *gapard*), répondant à l'it. *gattopardo* (le guépard, ou léopard de chasse, a une tête de chat sur un corps de chien tacheté).

Et spécialement, les petits félins, semblables au chat:

civette: *chat-musqué*, it. *gattozibetto*; port. *gato de algalia*; cf. allem. *Zibethkatze*;

écureuil (appelé „petit chat“ en Normandie et en Suisse): Berr. *chat-écurieu* et Montbél. *chait gairiot*, propr. chat bigarré; pr. *cat-esquirol* (gat-esquiro); cf. Bavar. *Eichkatze*, écureuil, et allem. *Katzeneichhorn*, écureuil bleu;

fouine (qui miaule comme un chat): anc. fr. et dial. *chafouin* (XVIe s.), pr. *cat-fouin*, Basses-Pyr. *gatupitocha* (cf. putois); catal. *gat-fagi*, Piém. (Val-S.) *ceta-fougn*;[3] anc. fr. *chat-garanier* (Cotgr.) et *carable*, propr. chat qui gronde (de *rabler*, ronfler);

genette (ressemble au putois): Char. *chat-putois* (Roll., I, 50);

marte: anc. fr. *chat de mars* (Rabel. I, 13), appelé *chat d'Afrique* par les premiers naturalistes; esp. *gata de Panonia*;

putois: Berr. *chat-putois* (chat-punais), pr. *cat*, *cat-pudis* et *gaturlan* (Quercy), Béarn *gatpitoch*; Gênes *gatto spusso*; cf. allem. *Ellenkatze* (Elbkatze), angl. *pole-cat*, id. (= allem. *Katzenpfütze*, V. Grimm);

zibeline: anc. fr. *chat-soubelin* (Cotgrave).

---

[1] Voir sur le hibou, *Appendice C.*
[2] Cf. ce passage de l'*Histoire des Empereurs* (ap. Godefr.): Un *cacorun* (sic) que autres gens appellent huart; E. Deschamps, VIII, 65: *chat cornu.*
[3] Voir sur la fouine, *Appendice A.*

e) Certains mammifères:

chauve-souris (sa tête ressemble à celle d'un chat): Pas-de-Cal. *cate-souri* (cosouri, ca-d'souri) et Yonne *chat-souri*; Lecce *gattu-pignula*, propr. chat plumeté;[1] cf. allem. *Katzenfledermaus*, chauve-souris d'Amérique;

singe (certaines variétés, p. ex. les galéopithèques, ont la taille et la queue du chat): it. *gattomammone* (dial. *gat-maimon*), pr. *cat-mimoun* (gaminoun), guenon; esp. *gatopaul* („chat de marais" ou chat sauvage), singe à longue queue;[2] cf. bas-allem. *apkat* (danois *abekat*), guenon, et allem. *Meerkatze*, id., propr. chatte d'outre-mer, c.-à-d. de l'Afrique; l'ar.-esp. *maïmon* désigne une espèce de chat (pers. *maïmoun*, singe).

71. En botanique,

a) Des plantes qui affectent la sensibilité du chat:

bourdaine (arbuste qui croît dans les terrains humides): Hain. *bren-d'cat*;

cataire (55[a]): anc. fr. *chatefouel*, propr. feuille ou herbe-aux-chats; it. *erba gatta* (erba da gatti);

dentelaire (55[a]): pr. *catifel* (gatifel), propr. fiel de chat; Piém. *erba di gat*;

épurge ou ricin (dont la forte odeur ressemble à celle que le chat répand pendant la période des amours); it. *catapuzza* (devenue, par étymologie populaire, *cacapuzza*), d'où anc. fr. *calapuce* (et *cacapuche*);

menthe (d'une odeur aromatique): Norm. *catepuche* (V. épurge); cf. it. *menta dei gatti*;

térébinthe (d'une odeur forte et desagréable): Abr. *catapuzzo* (calapuzzo), propr. odeur de chatte (V. épurge).

Ou qui rappellent certaines parties du chat:

églantier (plante épineuse): Pic. *grau de cat* („griffe de chat");

lierre terrestre (de forme rampante): Norm. d'Yères *pas-de-cat*;

pensée (fleur à trois couleurs): Aube *yeux-de-chat* (Roll., *Flore*, II, 175);

prêle (par allusion à la queue du chat; cf. *queue de cheval*, id.): fr. *charqueile*, mot d'origine dialectale, répondant au Montbél. *coue de chat*, prêle;

primevère: Hain. *catabraie* ou *braille de cat* (Maubeuge), plante appelée en fr. *brayette*, *braie de coucou* ou *brairette*, c.-à-d. cri de coucou, oiseau qui fait son apparition au printemps;

roseau (= queue de chat): Bess. *cacoue*; Norm. *catecoue*, roseau à balai;

vulnéraire: pr. *ped-de-cat* („pied de chat").

b) Des amentacées:

peuplier (55[c]): it. (Luques) *albogatto* („chat blanc");

---

[1] Cf. *Zeitschrift*, XVII, 159.
[2] Voir sur le singe, *Appendice* B.

saule (55 ^{c}): pr. *chat-sause* (gat-sause), saule marceau, répond
à l'esp. *sauze-gatillo* („saule-chaton").

c) Des fruits:

poire (variété, 55 ^{d}): *chat-brûlé* (chat-grillé); Suisse *étrangle-chat*;
pomme (variété de): *capendu* (1493) et *carpendu* (Nicot), terme
d'origine normande, propr. chat-pendu, cette pomme tenant à l'arbre
par un pédoncule très court; de là, par étymologie populaire,
courpendu (1601) et *court-pendu*,[1] cette dernière forme encore vivace.

d) Termes relatifs à la vigne:

cépage (55 ^{e}): anc. fr. *samoireau*, gros raisin fort noir (= chat
moiraud), auj. *samoiseau*, cépage noir dans l'Aisne (Littré, *Suppl.*);
marcotte (assimilée à la tête d'un chat: cf. catal. *capficat*, id.
litt. tête fichue): it. *capogatto*, propr. tête de chat;
raisin (variété de): pr. *estègne-cat* („qui engoue les chats"); esp.
esgana-gatos, raisin blanc (id.).

72. Applications techniques, d'après la ressemblance extérieure
ou la forme recourbée:

chenet (pièce de fer à tête de chat): pr. *cafiò* (carfiò), *chafouec*
(caufoué), propr. chat de feu, et *tsolandier*, id., Ardèche A (= chat-
landier); cf. it. *paragatto*, sorte d'écran (les chats aimant à se
tenir auprès du feu);
crochet (59 ^{b}): wall. Mons *catepuche*, crochet à une corde de
puits („chatte de puits"), Berr. *chabut* (gabut), id.;
fronde (au manche recourbé): Piém. *gatafrust* („chatte-fronde");
machine de guerre (42 ^{b}): anc. fr. *chat-chastel* (XIIIe s.);
outil de calfeutrage: it. *cataraffa* („griffe de chatte");
râpe (à percer): Piém. *coa d'gat* („queue de chat");
rossignol (fausse clé): fr. argot *carouble* (carrouble, caroufle),
le grincement causé par ce crochet étant plaisamment comparé à
un chat qui ronfle.

73. Faits concernant la vie physique ou morale du chat:

cabriole: galicien *pinchagato*, saut de voltigeur („saut de chat");
caresser (62): Morv. et Yonne *ciugriot* (faire le), chatouiller
(de *chat gariau*, chat bigarré, 70 ^{d}); port. *gatimanhos*, minauderies
(= ruses de chat);
chatière[2] et cachot (cf. 61): it. *gatta buia* („chatte sombre") et
catorbia (gatorbia), „chatte aveugle" (d'où *incatorbiare*), terme emprunté au piémontais; Abr. *catubbe* (= catorba);

---

[1] Rabel. III, 13: „Vous mangerez bonnes poires crustumenies et bergua-
mottes, une pomme de *court pendu*, quelques pruneaux de Tours ..."
[2] L'it. *bugigatto*, bouge, qu'on rencontre dès le XVe siècle (Pataffio,
I, 14: Ciurmate baldamente il *bugigatto*), est d'origine dialectale (Parme *busigot*)
et répond au pr. *bousigadou*, boutoir (de *bousigà*, fouger), à l'instar du Génois
burdigottu (= bugigatto), de *burdigà*, fouger. Cf. Schuchardt, *Romanische
Etymol.* II, 211, et Pieri, dans l'*Archivio*, XIV, 371.

culbute; esp. *gatatumba* (et politesse exagérée: cf. allem. *Katzen-buckel*), Sic. *catambota, catatummulu* (cf. it. *capitombolo*);

folâtrer: Gasc. *catifoula* („jouer comme les petits chats");

ramper (60): Poit. *à grappe-chat* (aller à), sur les pieds, sur les mains (Bas-Gâtin. *à grippe-chat*);

vacarme (67): Gasc. *gatiburro, gatifurro* („grondement de chat"); Piém. *catabui* (cf. it. *buglia*, mêlée); esp. *de mazagatos*, tapage infernal (= à assomme-chats).

74. Epithètes:

chétif: Clairv. *chat d'âtre*, enfant délicat, faible ou mal nourri (= chat qui garde le coin du feu), fr. pop. *chat-grillé*, enfant chétif;

coquet: pr. *cafinot* („propret comme un chat");

emporté: pr. *cafer* („chat sauvage"), Mess. *chabogne*, homme facile à se mettre en colère (cf. dépiteux comme un chat borgne), mot cité par Le Duchat (dans Ménage);

hypocrite (63): pr. *cato-bagnado* („chatte mouillée") et anc. fr. *chatte mouillée* (faire la), XVe siècle; *cato-faleto* („chatte grise"), *cato-morto* (= it. *gatta morta*, esp. *gata muerta*: la chatte sait faire la morte), *cato-siau* („chatte-silencieuse") et *cato-sourno* („chatte sombre"); Piém. *gata morbana* („chatte malade"; cf. 88), Vénit. *gata-piata* („chatte aplatie"); cf. anc. fr. *pattepelu*, doucereux (comme le chat qui fait patte de velours), pr. *pato mineto*, id.;

maussade: Tour., Poit. *chabrun*, sombre (= chat noir): „à Metz, *chabrun*, mine austère, refrognée, et *faire le chabrun*, c'est propr. prendre la chèvre ou bouder" (Le Duchat, dans Ménage); anc. fr. *à rechignechat* („ou en tristesce de cœur");

querelleur (51): pr. *escaragno-cat* („égratigne-chat") et Morv. *erchigne-chat* („lorsque les joueurs commencent à se fâcher et à se lancer de gros mots, on dit que le jeu va devenir *erchignechat*, c.-à-d. va dégénérer en querelle", Chambure); cf. *c'est un jeu de chat*, un jeu qui tournera en noise (Rolland, IV, 99), et allem. *Haderkatze*, querelleur;

vaurien: pr. *escano-cat* (espeio-cat), „écorche-chat"; Piém. *scano-gat*, it. *scalzagatti*, esp. *pelagatos* (mazagatos), id.

75. Maladies:

bouton (sur la main, sur le bras): H.-Bret. *chat-foincé* (Sébillot), peut-être chat foncé (cf. ibid. *petit maou de chat*, bobo);

chassieux (Oudin: chassieux comme un chat de mars): Poit. *chareilloux*, Saint. *careilloux*, propr. aux yeux de chat (cf. Morv. *riyeux* = yeux);

vertige (on l'attribuait au chat, qui l'ignore): it. *capogatto*, vertige des chevaux (= *capogiro*), propr. tête de chat.

76. Emploi hypocoristique:

bambin: Hain. *cat d'mai*, enfant né en mai; Berr. *chacouat* et *chaculot* (Marne *charculot*), le dernier de la couvée;

jeune fille (47): Hain. *chabourlette*, fillette fraîche et dodue („boulette comme un chat“).

77. Noms de jeux enfantins, et spéc. le colin-maillard (48): pr. *catoborgno* („chatte borgne“) et *catorbo* („chatte aveugle“), *cati-torbo* (= cateto-orbo); Piém. *catorba* (gatorba), it. *gatta orba* (gattor-bola) ou *gatta cieca* (cf. Suisse allem. *Blindchatze*, id.), Piém. *ciata-losca* („chatte louche“); fr. *chat-brûlé, chat-coupé, chat-malade, chat-perché*, variétés de jeux; Pas-de-Cal. *cabouri* („chat bourru“; cf. Meuse: *Chat bouri*, d'où viens-tu?); pr. *catadret* („chatte droite“), le vainqueur se fait porter sur les épaules du vaincu; port. *gato sapato* („chat botté“), variété du même jeu.

78. Emploi péjoratif:

cendrillon (le chat ne quittant pas le coin du feu): pr. *cato-cendrouleto*, souillon;

entremetteur (de mariages): Berr. *chat-bure* „chat gris“ (= fin matois);

fillette (mal bâtie); Berr. *chacrotte* („crotte de chat“);

pistolet: it. *mazzagato* (Duez: épouvantail pour les oiseaux);

usurier: pr. *escano-cats* (manjo-cats), propr. écorche-chats (mange-chats).

79. Applications diverses:

corset (très dégarni): Poit. *cor-au-chat* („corps de chat“);

doublure (en peau de chat): it. *gattofodero* (chat fourré); cf. Saint. *chaffaurrer* (chaffeurer), vêtir à l'excès et en se déguisant;

embarras: fr. *chat-en-jambes* (cf. jeter le chat aux jambes de quelqu'un, et Genève *c'est où la chatte a mal au pied*, c'est le point difficile);

fard: esp. *mano de gato*, id., et *darse con mano de gato*, se farder (le chat mouille sa patte avec sa salive,[1] la passe et repasse pour faire sa toilette);

flûte (cf. fr. *chatte*, harpe de Birmanie): pr. *cat-enfla*, cornemuse (= chat enflé, d'après la forme);

galette cuite au four (68): it. (génois) et esp. *gatafura* (= chatte de four); cf. *Catafura* et *Gatifura*, noms de chattes (dans la *Gato-maquia*), Bavar. *Ofenkatz* (Gogelhopf) et Suisse allem. *Büsel*, biscuit („minet“);

perruque à queue (= queue de chatte): May. *catacoue*;

potage (= pâtée de chat): Marne (Gaye) *trompe-chat*, soupe faite avec du lait; Naples *calzagatt*, polenta mélangée avec des haricots;

ricochet: Clairv. *pas-de-chait*, d'après l'allure ondulatoire du chat;

---

[1] Cf. la berceuse *Le chat à Jeannette* (Bujaud, *Chants et Chansons populaires de l'Ouest* I, 35): Le chat à Jeanette est une jolie bête, — Quand il veut se faire beau, — Il se lèche le museau; — Avec sa salive, — Il fait la lessive . . .

voile (latine): anc. fr. *catepleure* (Nicot, Cotgr., Oudin), proprem. chenille (70[b]), à cause de sa pointe, appelée encore „oreille de lièvre" (Le Père René François, 1622, cité par Jal); cf. *aile de pigeon, coq-souris* (= chauve-souris) et *papillon*, noms de voiles, d'après leur forme plus ou moins carrée.

B. Composés par synonymes.

80. Les composés synonymiques résultent de l'association de deux noms du chat, dont l'un représente le terme proprement dit et l'autre le nom hypocoristique de l'animal, ou son équivalent, le cri. Cette juxtaposition ne modifie en rien la valeur primordiale du nom simple et ce n'est qu'ultérieurement, tout en partant de la notion chat, que la sphère sémantique en a été agrandie. La synonymie joue, dans cette catégorie de composés, le même rôle que la réduplication, en sorte que le second terme renforce morphologiquement le premier, et c'est uniquement sous le rapport sémantique que sa sphère s'élargit.

Le premier exemple d'un composé synonymique dans la langue littéraire est *chattemite*, dont les éléments constitutifs se rencontrent déjà au XIIIe siècle (34). Sous le rapport de la forme, *chattemite* est une appellation enfantine de l'animal,[1] dont le dernier terme est l'équivalent hypocoristique du premier. La valeur primordiale du composé revient dans l'ancienne langue et dans les patois modernes: dans une lettre de Joinville de 1295, on rencontre la locution *en chatemite* (ap. Godefr.: Dès la porte assous le pont jusques a la tournelle qu'on dit *en chatemite*), c.-à-d. en serpentine, d'après le mouvement ondulatoire de la bête; et, dans le forézien, *chata-mita* est le nom du colin-maillard, dans lequel le joueur aux yeux bandés représente une chatte à la poursuite des souris. Le sens ultérieur de „hypocrite", fait allusion à un trait caractéristique de la vie morale du chat, ainsi dépeint par La Fontaine (VII, 16):

C'était un chat vivant comme un dévot ermite,
Un chat faisant la *chattemite*,
Un saint homme de chat, bien fourré, gros et gras . . .

Et la même image, rendue par des composés synonymiques d'origine enfantine, se rencontre dans les autres langues romanes:[2] pr. *catomito* (catomato, gatomieuto), *catomerouno* et *catomiaucho* (catomiauno, catomiauro); it. *gattamogna* (gattamorgna); catal. *catamixa* (catamoxa, gatamoixa), *gatamaula* et *gatamusa*.

La locution *en catimini*, employée d'abord par Froissart, exprime l'allure doucereuse que prend le chat pour surprendre ses victimes: formée de *cati* et *mini* (dim. de *cate* et *mine*), elle veut simplement

---

[1] Analogue aux synonymes: allem. *Busekatze, Miezekatze, Miaukätzchen*; angl. *pussy-cat*, bas-allem. *puus-katte*, etc. Cf. aussi Wackernagel, *Voces*, 20.
[2] Ce caractère des éléments composants de *chattemite* se trouve déjà indiqué dans Rolland, *Faune*, IV, 119 note.

dire à la façon du minet qui s'avance à pas de velours. Cette démarche silencieuse du chat (même sauvage) avait déjà frappé les premiers observateurs, et Pline en parle avec admiration.[1] L'origine synonymique du composé (entrevue par Le Duchat, dans Ménage) et, par suite, son caractère éminemment populaire,[2] est mise hors de doute par les correspondants siciliens, *catamarri* et *'ncataminu*, Venise *catamellon catamelloni*, qui répondent au toscan *gatton gattone*.

Voici les notions désignées par les composés synonymiques:

81. En zoologie,

a) Des insectes:

chenille (70[b]): Aude *caramagno* (cf. 90), Béarn. *gatamina*;

hanneton (son bourdonnement comparé à un grondement de chat): Lorr. *chatte meurotte* ou *chette miniaoue* („chatte qui miaule");

ver à soie (54[b]): Gironde *gatemine* A. (V. chenille).

b) Des oiseaux:

chevêche: Sologne *chat-miant* (Roll. II, 54);

chouette: pr. *catomiaulo*; cf. allem. *Katzeneule*;

mouette (son cri est une sorte de miaulement): esp. *cataraña*[3] („chatte qui miaule": cf. génois *o gatto ragna*, le chat miaule), devenu en port. *tataranha* (tartaranha).

82. En botanique, chaton (55[b]): Montbél. *chait-minon*.

83. Application technique, tire-lire: pr. *catomaucho* („chatte qui miaule"), le son que rend l'argent jeté étant plaisamment comparé à un miaulement, de même qu'en fr., ce son argentin prétend imiter le chant de l'alouette, son *tire-lire*; cf. allem. *Katze* (Geld-katze), ceinture à argent (XVIIIe siècle).

84. Faits concernant la vie physique du chat:

pleurnicher (= miauler): Poit. *chameuler*, pleurer comme à voix couverte;

ramper (73): Versiglio *gattomagnoni*, à quatre pattes (Pieri, *Zeitschrift*, XXVIII, 181), Piém. *gatagnau*, catal. *à gatameus*; fr. *en catimini* (80).

85. Ajoutons encore:

culbute (73): pr. *catamiroto* (= cabriole de minette);

vacarme (73): Sic. *scatamasciu*, propr. miaulement de chat.

---

[1] *Hist. Nat.* X, 202: Feles quidem quo silentio, quam levibus vestigiis obrepunt avibus! Quam occulte speculatæ in musculos exsiliunt!

[2] Cette nature vulgaire de *catimini* exclut le rapprochement (tenté depuis Ménage) avec *catamini* (χαταμήνια), menstrues, terme technique médical. Cf. aussi la variante *calimini* (Cotgrave).

[3] Depuis Covarruvias, on dérive le mot du lat. *cataractes*, sorte d'oiseau aquatique. Pour *cata = gata,* cf. *encatusar = engatusar*, 62.

86. Faits concernant sa vie morale:

caresser (62): Auv. *acatamiaula*, cajoler, pr. *catimello* (gatimello), propr. caresse de chatte (cf. *catomiaulo*, et 21): caresses que se font en jouant deux chats avec leurs pattes (Azaïs), gestes et caresses des yeux et de la joue que l'on fait aux enfants (Mistral); Pas-de-Cal. *faire cate-cate*, se dit d'un jeune enfant qui frappe de petits coups dans la main d'une personne qui le caresse (Edmont); Napl. *gatte-felippe* (,,gentilezze amorose segrete, e fatte più con gesti che con la voce", d'Ambra) et Sic. *gattifilippi* (,,carezze svenevole delle donne", Traina), propr. chatteries (26); Parm. *catamlenna* (= pr. *catimello*) et Sic. *scataminacchi*, minauderies; Rouerg. *catimoto*, minauderie d'enfant;

se quereller (62): pr. *cataraugna*, propr. gronder comme une chatte.

87. Epithètes:

bavard: pr. *chamarrot*; Saint. *chamarrage* (chabarrage), discours confus (= miaulement de chat); wall. *chamarette*, caqueteuse;

bigarré (comme le chat zebré): Berr. *chamarou* (V. maussade);

câlin: pr. *catomiaulo* (,,chatte qui miaule"); cf. Genève *catamaula*, femme toujours dolente;

fainéant: Mayen. *camiyao* (= pr. *catomiaulo*);

hypocrite (74): fr. *chattemite*, etc. (V. 80);

maussade (74): pr. *carami* (de *ramiá*, ronronner) et *gamarro* (= chat qui gronde); May. *chamarou*, grognon, renfrogné (H.-Bret., Mée: animal ou homme à poils longs et hérissés, et homme de mauvaise mine, Leroux; Blais.: revêche, sauvage); H.-Italie *catramonaccia*, chagrin profond (de *catamona = it. *gattamogna*, et pour l'épenthèse, it. *catrafosso* et *catafosso*), propr. (mélancolie de) chatte.

88. Maladies:

moisissure (les fleurettes blanchâtres sur les liquides étant assimilées au pelage des minettes): Mayen. *camines* (chamines) et *chamarettes*;

maladif: Abr. *catamone* (,,chatte-mine"), répondant à l'anc. fr. faire la *cate-catie* (,,chatte accroupie"), imiter les plaintes d'une chatte malade qui est tapie sur son ventre (Eust. Deschamps, IX, 123):

> Faictes bien la *cate-catie* . . .
> Et soupirez parfondement.

89. Emploi hypocoristique:

enfant (76): fr. *gamin*, terme récent d'origine dialectale, masculin refait sur *gamine* (Clairv. *gamigne*), propr. chatte (= pr. *gatamina*), appliquée à une jeune fille espiègle et hardie (cf. pr. *chato*, 47);[1] dans

---

[1] D'après Schmidt-Göbel (Herrig's *Archiv*, XLI, 229), *gamin* serait l'allem. *Gemeiner*, un simple soldat, et remonterait aux guerres allemandes du XVIIIe siècle.

plusieurs patois (Vendée, Calvados), *gamin* est l'appellation générale de l'enfant et du petit garçon (Norm. *galmin*, gamin et petit domestique de ferme); Mess. *galmiron*, Pic. *galmite*; Guern. *camion* (cf. *mion*, 112), enfant gâté, petit favori;

colin-maillard (47): Agde *cato miloueiro* („chatte qui miaule"?), Dauph. *chatomito borlyo* „chatte aveugle", et Alpes *chatamusa*, propr. chatte; cf. Pic. *catrabeuse*, id. (> catabuse = catamuse).

90. Emploi péjoratif:

entremetteur de mariages (78): pr. *chamarrot* (= bavard, 87);

fille (surtout en mauvaise part): Yon. *catamoise* (= pr. *chata-musa*);

foule (= marmaille): Mil. *catabolda*, Berg. *gatibolda* (pour le terme final, cf. anc. fr. *miaulder*, miauler); pr. *caramagnado* (cara-bagnado), grande quantité (= portée d'une chatte);

ramoneur ambulant (= vagabond, 63): Vosges *caramagna* (Mess. *caramogna*), étameur ambulant, Mouzonnais *charamougne*, ramoneur, propr. rôdeur comme un chat (= pr. *caramagno*, 81[a]), fr. *carmagnol*, ramoneur savoyard (cf. Littré, *Suppl.*), puis *car-magnole*, vêtement et ronde révolutionnaires.

91. Injures et sobriquets: pr. *catamarret*, terme injurieux que les enfants à Aix adressaient aux Juifs, en simulant une oreille de porc avec le pan de leur habit, répondant au Lyon. *carramiau* (courramiau), surnom donné aux habitants de St.-Chamond („chat qui gronde"); Pic. *carimoireau*, sobriquet des habitants de Bertangle (= sorciers, V. ci-dessous).

92. Emploi euphémique:

croque-mitaine: Frioul *giatemarangule* (dim. de *giatemara* = pr. *catomiauro*); esp. *cataraña*, épouvantail (81[b]);

sorcier (qui prenait, comme le diable, la figure d'un chat noir): Poit. *chamaraud* („chat-matou", d'où *enchamarauder, encha-barauder*, ensorceler), Pic. *caumaro* (carimaro, carimouero), sorcier et bohémien, anc. fr. *caramara* (Cotgr.), auj. Lille, id.; H.-Italie *catramonaccia*, sortilège, propr. sorcière (= chatte, 87).

C. Composés latents.

93. Nous allons grouper sous ce titre tous les composés dans lesquels le premier élément, le reflet roman de *cattus*, perdant peu à peu son sens propre, a fini par représenter une valeur intensive ou péjorative. C'est ainsi que le fr. dial. *caborgne* (caliborgne) ne dit en apparence ni plus ni moins que *borgne* tout seul, et que le pr. *caborno* est simplement synonyme de *borno*. Cet affaiblissement graduel de la notion chat constitue un phénomène sémantique de la plus haute importance, et pour en marquer les étapes successives, nous tâcherons d'accumuler les exemples qui appartiennent principalement aux patois, mais dont plusieurs ont pénétré dans la langue littéraire.

Pour embrasser les phénomènes de cet ordre dans leur généralité, il faudrait empiéter sur le domaine sémantique des notions chien et cochon; en réservant les cas similaires se rapportant à ces derniers, nous ne tiendrons pour le moment compte que des faits relatifs au chat, malgré les rapports intimes qui l'unissent avec le chien et rendent parfois inséparable leur étude métaphorique.

Voici maintenant l'analyse des composés latents particuliers surtout au provençal et au français.

94. En provençal:

caborno, à côté de *calaborno* et *cataborno*, cavité, creux, trou, même sens que *borno*, primitivement trou de chat; de là, les acceptions[1] de tanière (pr.), cabane (patois du Centre), ruche d'abeilles (May. ·*calibourne*, à côté du Berr. *borgnon*), campanule (Bessin *calibourne*), etc.;[2]

cabougno, à côté de *carabougno*, creux d'un arbre pourri, même sens que *bougno*, à l'instar du Berr. *cabouinotte*, cachette, trou (== *bouinotte*);

cafourno, à côté de *cataforno* et *gatihorno*, repaire, recoin, propr. fourneau de chat, cette bête aimant à se fourrer derrière les cheminées et les fours (cf. allem. *Katzenhölle*, fournaise derrière le fourneau): Pas-de-Cal. *cafourneau*, petit fourneau établi sous un four; Genève *faire le cafournet*, se dit des femmes qui se tiennent comme accroupies sur leurs chaufferettes (Sav. *se cafourner*, se cacher); port. *cafurna*, même sens que *furna*, grotte, caverne (V. Coelho, *Diccion. etimol.*), emprunt fait au provençal;

capigná (chapigna), à côté de *carpigná* (charpigna), se disputer, en parlant des femmes et des enfants, propr. peigner un chat (cf. *penchiná la cato*, se quereller, et fr. pop. *se peigner*, se prendre aux cheveux); anc. fr. et dial. *capigner* (chapigner, charpigner), se battre; cf. anc. fr. *pignechat*, táquin, et Genève *voilà où les chats se peignent*, voilà où est la difficulté;

catacournille, Forez, bluet (== *cournillo*), fleur appelée en pr. „langue de chat";

chabatre, Limousin, débattre, propr. se disputer à la façon des chats (batailleurs et querelleurs, 62).

95. En italien, la plupart des composés latents se rapportent à la notion chien; les quelques exemples patois concernant le chat seraient:

---

[1] *Cabourne* désigne dans Rabelais (II, 7: le *cabourne* des briffaulx), un chapeau profond tel que le portaient certains ordres de moines: ce sens du mot qui répond au Poit. *cabourne,* bouge, est fondé sur le rapport sémantique entre les notions cabane et vêtement; cf. Poit. *bourgnon,* coiffe, propr. ruche.

[2] Schuchardt (*Romanische Etym.*, II, 139, 141) voit dans le pr. *caborno,* ainsi que dans *caforno* (V. plus bas), tous deux inconnus à l'ancien provençal, des dérivés du lat. *caverna.*

agaruffarsi, se quereller, propr. se disputer [1] à la manière des chats (cf. pr. *capigná*, 94);

garusola (garösula), Mantoue, coquelicot (= Padoue *rosola*, Dauph. *rousola*), propr. chat-coquelicot ou pavot des champs, à l'instar du Lorr. *catecolinjo*, du Norm. *cotecolinco*, id.; cf. allem. *Katzenmagen*, id. (où *magen* répond à l'allem. *Mohn*, Pic. *mahon*); [2] et les noms siciliens de plantes tels que: *catacitru*, à côté de *calacitru*, oseille (plante à saveur acide), et *catatufulu*, pomme de terre, propr. chatte-tubercule, c'est-à-dire bulbe pareil à la tête d'un chat (55[d]).

96. Les patois des Abruzzes, de Naples et de Sicile possèdent, il est vrai, un certain nombre de composés commençant par *cata*, dont la valeur est également intensive: Abr. *catabisse* et *catafunĭe*, abîme (cf. it. *catafosso*); Naples *catacogliere*, d'où le toscan *catacollo*, emprunt du XVᵉ siècle (comme son contemporain *catafascio*); Sic. *cataniusu*, ennuyeux, *cataminari* (Abr. *catamenarsi*), se démener, etc. Mais l'élément initial de ces composés est un reflet de l'influence grecque dans le midi de l'Italie.[3]

97. En français (dialectal):

calimuron, Norm. d'Yères, mûre sauvage („chatte-mûre"), ou fruit de la ronce (Hainaut), appelée à Doubs *mûre de chat* et à Fribourg *tsata miama*, chatte qui miaule (Roll., *Flore*, V, 190); cf. port. *calapereiro*, poirier sauvage;

chabourrer, Berry, gronder (= *bourrer*, cf. 73), propr. gronder comme un chat, et *chafourrer*, effrayer, chasser avec des cris (d'un *fourrer*, gronder, cf. *gatifourro*, 73), à l'instar de l'it. *gattafurato* „spaventato da un gatto";

chabranler, Berry, se balancer (pr. *sabranlá*, ébranler = être remuant comme un chat) et *chabranloire*, escarpolette rustique, appelée en Bourgogne *cabalance* (calbalance) et en wall. *cablance*; cf. Lyon. *gagnivelô*, balancer (de *nivelô*, niveler);

chabrotter, Berry, gratter (spéc. avec la pointe d'un couteau), et *chacrotter*, gratter légèrement la terre (habitude des chats avant de satisfaire leurs besoins);

chaffourrer, anc. fr. griffonner (sens gardé par les patois, d'où fr. pop. *se chafourrer*, s'égratigner), et H.-Maine fouiller, bouleverser (d'un verbe *fourrer*, fouiller; cf. Vosges *chafourettes*, lieux d'aisance);

chafuter, Norm. d'Yères, effrayer la volaille (= siffler comme le chat en colère), et Berr. *chafutin*, dispute (wall. *cafut*, bagarre);

chafrigner (chafrogner), Clairvaux, faire le dégoûté (*chafrognous*, difficile à nourrir, délicat), et Yon. *chafrignard*, grognon;

---

[1] Caix (*Studi*, nº 297) se demande si *agaruffarsi* ne serait pas un compromis entre *garrire* et *arruffare*.

[2] Le premier terme des composés siciliens, comme *caragiai*, geai, et *carcarazza*, pie, est de la même nature onomatopéique que le fr. *carcailler*, Poit. *cracasser*, crier comme la pie ou le geai.

[3] Voir, pour le sicilien, Avolio, *Introduzione allo studio del dialetto siciliano*, Noto, 1882, p. 33; et pour le napolitain, D'Ambra, au mot *cata*.

4*

chafrioler, fr. pop., se montrer tout réjoui, se complaire (employé dans ce sens par Balzac), de l'anc. fr. et dial. *affrioler*, être friand (comme un chat); cf. Poitou *chafourni*, satisfait;

chatourne, Norm., soufflet, litt. tournoiement de chat (qu'on croyait exposé au vertige, 75), et Périgord *chataurelhat*, taloche („chat ou coup sur l'oreille"); cf. *torgnole* (torniole), id., et allem. *Katzenkopf*, taloche.

98. Envisageons, en dernier lieu, ceux des composés patois qui ont pénétré dans la langue littéraire. Grâce a cette circonstance, ils ont à peu près seuls attiré l'attention sur le problème de leur origine, que le manque d'une vue d'ensemble rendait presque insoluble. Il s'agit d'un certain nombre de mots français commençant par *ca* (amplifié en *cal*, *cali*, 69), le nom anc. fr. et dial. du chat. Les voici dans leur ordre chronologique:

caborgne, Haut-Maine, borgne, louche, à côté du Pic. *caliborgne*; le mot signifie propr. „chat borgne" et se trouve être la traduction pure et simple d'un fait: les petits chats viennent au monde avec les paupières closes et conservent jusqu'au dixième jour cette cécité originelle; le vulgaire l'attribue à la hâte qu'a la mère de mettre bas: „La gatta frettolosa fa i mucin ciechi", dit le proverbe italien; de là, les termes synonymes: Pic. *calouc*, May. et Yon. *calouche*, Auv. *chalusc* (= louche comme un chat), Poit. *chaveuillon*, louche (Genève: aveugle = aveugle comme un chat), Aunis *camirau* (Poit. *mirer*, regarder du coin de l'œil), Lorr. *calougne*, H.-Maine *calorgne* (chalorgne), ce dernier se trouvant déjà dans Eust. Deschamps (IX, 81):

> S'il est bossu ou s'il est borgne,
> Boiteus, contrefait ou *calorgne* . . .

cafourchon (d'Aubigné), à côté de *calfourchon* (Ronsard), *caillifourchon* (Cotgr., auj. Saintonge), *galfourchon* (Abbé Gusteau), et moderne *califourchon*; le sens premier est „chat enfourché", par allusion aux minets montant sur le dos de leur mère, habitude à laquelle se rapportent les synonymes: Sav. *tsotiële*, à califourchon (= en guise de petit chat), Piém. *a gatalin*, id.; pr. *fa las catetos*, faire courte échelle (= faire les minets); cf. Blais. *calibourdon*, califourchon (dans le jeu de course appelé „chat"), et *calicalaud* (d'un enfant qu'on porte sur le dos), Norm. *calimoulette*, id. (= *moulette*).

La locution moderne *à califourchon* fut précédée par une autre, *à caleforchiés*, qui paraît remonter à la fin du XIIIe siècle et qui figure dans ce passage d'une traduction en vers des *Miracles de Notre Dame de Chartres* (dans Godefroy):

> Cest Guillaume avoit en ronture (lire: routoure)
> Dont il ert si rons (l.: rous) et tranchies (l.: tranchiés)

> Qu'il aloit *a caleforchies* (l.: caleforchiés)
> Pas avant autre et belement.[1]

Godefroy traduit la locution par „à califourchon", ce qui ne convient pas au sens et ne répond pas du reste au texte latin, qui porte: „Infirmitate quam rupturam nominant adeo laborat ut *divaricatis* semper *cruribus* innixus baculo tarde expedetentim vix posset incedere". Par conséquent, *aler a caleforchiés* signifiait marcher en écartant les jambes, imiter en quelque sorte l'allure particulière des chiens (cf. anc. fr. *caelet, calet,* petit chien ou petit chat), qui, pendant la marche, portent leur corps de travers, en faisant semblant de boîter; et le mayennois *califourché,* culbute, exprime la conséquence de cette démarche oblique. Nous voyons dans les deux locutions, ancienne et moderne, des formations d'époques différentes et remontant aux notions apparentées chat et chien (cf. Verduno-Châlon. *canifourchon* pour *califourchon*). Quant au bas-latin *calofurcium,* fourche, gibet (que Ducange cite d'après un glossaire latin-français du XVᵉ siècle), il n'est que la transcription du fr. *califourchon,* au sens d'enfourchure;

colimaçon (attesté dès 1529), même sens que *limaçon,* forme picarde, à côté de *calimachon,* ce dernier désignant au Pas-de-Calais l'escargot, spéc. de la grosse espèce („vieilli, on dit plutôt *limichon"*, Edmont): le terme signifie chat-limaçon, par allusion à sa forme enroulée, à l'instar de l'allem. *Katze,* nom de plusieurs limaçons;

calimande, sens identique à *limande,* propr. chat-limande, à cause de sa forme aplatie (cf. 37); du reste, ce terme, donné par Littré sans indication de source, ne paraît pas être populaire (il manque dans Rolland et dans les traités de pêche);

calibaude (caillebaude), Norm., flambée vive et pétillante (appelée *baudelle,* au Pas-de-Calais), et Berr. *chalibaude* (charibaude), feu de la Saint-Jean, feu de joie, propr. fouée de chat[2], peut-être par réminiscence du feu de la Saint-Jean, lorsqu'on lâchait dans les flammes des sacs remplis de chats, dont les cris et les convulsions offraient à la populace un spectacle amusant, un feu de joie.

En somme, les composés qu'on vient d'analyser[3] sont d'origine vulgaire et la plupart de date moderne ou récente.

---

[1] Les corrections sont dues à l'obligeance de M. Ant. Thomas, qui m'écrit à ce propos: „Gaston Paris place la traduction des *Miracles* par Marchant vers 1240; c'est donc XIIIᵉ siècle qu'il faut lire dans le *Dictionnaire Général,* au lieu de XIIᵉ. Ma lecture *a caleforchiés* m'est inspirée par le contexte; j'ai imprimé le texte latin sur lequel Marchant avait fait sa traduction dans la *Bibliothèque de l'Ecole des Chartes,* tome XLII, p. 505 et suiv. Ce texte porte, p. 517 . . ." (Voir la citation ci-dessus.)

[2] „On appelle *fouée de chat,* dans le pays d'Ernée, la troupe de jeunes gens et de jeunes filles qui, après avoir fleuri le lit de la fiancée le dimanche qui précède la noce, se rendent le dimanche qui suit la noce à la ferme des époux où ils se livrent à des danses et à d'autres jeux entremêlés de libations" (Dottin).

[3] Nous renvoyons, pour les autres, à l'étude ultérieure sur le chien et le cochon.

54

99. L'hypothèse sur l'existence d'un préfixe français *ca* (cal) fut d'abord émise par Littré et reprise ensuite par Darmesteter: „La particule *cal* doit être d'origine germanique, ou scandinave, ou, ce qui est moins vraisemblable, basque".[1] On voit quelle portée Darmesteter attribuait à la question. Présentée sous les auspices de tels maîtres, l'hypothèse fit fortune et les meilleurs esprits en subirent l'illusion.[2] Tout récemment, Nigra, en cueillant dans le champ roman une nouvelle gerbe d'exemples à l'appui de ce préfixe,[3] appela de nouveau l'attention sur ce problème obscur de l'étymologie romane. Cependant, Groene s'est vainement efforcé de circonscrire la question[4] et de réduire presque à néant l'existence d'un préfixe *ca* (cal), et Schuchardt est dernièrement venu appuyer de sa puissante originalité cette manière de voir.[5]

Tout en partageant son doute sur la valeur d'une particule *ca*, nous différons quant à l'explication de son point de départ. Schuchardt considère les composés de cette catégorie comme autant de fusions verbales, chaque cas particulier exigeant un compromis de nature différente, à savoir:

califourchon, composé de *caballus* et *fourchon* („*caballus* qui a été en partie très défiguré et méconnu par les savants eux mêmes");

calimande, compromis entre l'allem. *Kliesche*, limande, et le fr. *limande*;

colimaçon, résultante de *limaçon* et de l'anc. fr. *escale* (escaille), à l'instar de l'anc. esp. *coguerzo*, d'un type *coca + cortice*.[6]

En principe, ce procédé d'interprétation verbale, lorsqu'il n'opère pas sur des éléments homogènes et appartenant à la même langue, est par trop complexe pour s'imposer à l'intelligence simpliste des masses. Les explications de ce genre exigeant un effort de mémoire considérable et une érudition peu commune, forment un véritable contraste avec les éclosions de l'esprit populaire.[7] Du reste, les combinaisons lexicales citées plus haut présentent de sérieuses difficultés phonétiques:

califourchon réfléchirait, dans son premier élément, le lat. *caballus*; mais alors, comment se fait-il que dans aucun patois gallo-roman, *cabal* n'ait abouti à *cal*? et, cette supposition une fois admise, comment rendre compte des aspects nombreux du mot?

On ne conçoit pas non plus le compromis de *calimande*, cas vraiment singulier de fusion bilingue.

L'explication fournie pour *colimaçon* est certainement plus

---

[1] *Formation des mots composés*, p. 112.
[2] Salverda de Grave croit trouver en flamand l'origine de *cal* (V. *Mélanges Kern*, 1903, p. 123).
[3] *Archivio glottologico italiano*, tomes XIV et XV.
[4] *C vor A im Französischen*, Strasbourg, 1888.
[5] *Zeitschrift*, XXVII, 613 et suiv.
[6] Ce dernier exemple est emprunté aux *Rom. Etym.*, II, 33; les deux autres, d'après la *Zeitschrift*.
[7] Voir les listes similaires de Caix, *Studi*, p. 199 à 203.

naturelle que le fameux type *cochlo-limax*, imaginé par Ménage; mais elle n'est pas moins embarrassante sous le rapport formel.

100. Il est permis peut-être de conclure que l'apparition tardive des composés de cette famille exclut tout rapprochement avec le latin, et que leur facture accuse nettement une conception originale, une création vulgaire. Nous croyons voir, dans le premier terme de ces composés, non pas un préfixe ou le tronçon d'un mot, mais un mot véritable qui, sous ses divers aspects, représente le reflet roman de *catlus* (ou de *canis*). Ces formes multiples, qui ont tant surpris ceux qui en ont soulevé le problème, trouvent ainsi, suivant leur provenance dialectale, une explication des plus simples. De cette façon, le problème, qui se présentait dans des conditions presque mystérieuses, rentre dans les cadres des faits généraux de l'étymologie romane.

Et pourtant, au point de vue sémantique, cette constatation n'en est pas moins intéressante. Ayant souvent joué, dans cette catégorie de composés, un rôle purement intensif ou augmentatif et péjoratif aussi naturellement, le nom du chat est descendu à la simple fonction d'une particule, et c'est ce qui explique l'illusion des premiers investigateurs. Cette usure du nom de l'animal témoigne en même temps de l'importance du chat dans la vie des peuples romans. Nous ne voyons, dans le domaine animal, que le bœuf et le cheval, bêtes éminemment domestiques, qui aient joué chez les anciens Grecs un rôle métaphorique analogue: βούπαις, boeuf-enfant, signifie grand enfant, et θυμὸς ἱππογνώμων désigne (dans Sophocle, *Ajax*, V, 148) un grand esprit, des sentiments élevés. On peut trouver des traces de métaphores pareilles, mais empreintes d'une nuance péjorative, en anglais où *horse-kiss* désigne un baiser brutal, et *horse-laugh*, un rire aux éclats.

Les patois de la Suisse allemande n'ignorent, non plus, la valeur intensive du nom chat dans des composés tels que *chatzgrau*, *chatztaub*, *chatzangst* (= *sehr angst*); cependant dans les noms de lieux, il a plutôt un sens diminutif: *Chatzen-See*, ou *Mauen-See*, est un petit lac, et *Chatzen-Törli*, petite porte (à l'usage des piétons), etc.[1]

Mais, en réalité, ce sont seulement des cas isolés et très éloignés des applications aussi nombreuses que variées que certaines langues romanes ont su tirer de la notion chat. La sphère sémantique dérivant de cette source acquiert ainsi une importance spéciale dans le domaine de la métaphore.

IV. Sens des noms hypocoristiques.

101. Les acceptions figurés des noms enfantins du chat ne sont pas de moindre importance que celles des appellations proprement dites de l'animal qui viennent d'être étudiées; et comme les

[1] Cf. allem. *Katzanker*, petite ancre, *Katzensteg*, sentier étroit (répondant au vendômois *ruelle aux chats*, passage très étroit, tour d'échelle entre deux maisons), *Katzentisch*, petite table, etc.

premières sont de beaucoup plus nombreuses que les secondes, leur sphère sémantique en est d'autant plus étendue. Nous renvoyons, afin d'éviter des redites, aux paragraphes consacrés aux noms hypocoristiques du chat (18 à 30), en rappelant, d'un côté, l'échange équivalent des labiales (m, b), dont quelques noms du chat portent la trace (cf. *bis* et *mis*, sarde *battu* et fr. *matou*, port. *bicho* et esp. *micho*); et, de l'autre, le mouillement de la syllabe initiale (it. *miagolare* et *gnaolare*), qui est parfois réduit à la simple nasale (çf. fr. pop. et dial. *mioche*, *gnioche* et *nioche*). Ces noms hypocoristiques désignent:

102. En zoologie,

a) Des poissons:

aigle marin (poisson appelé encore „ratepenade", ou chauve-souris): pr. *mounino* („chatte");

fretin (54): esp. *morralla* („portée d'une chatte");

lamprillon (54): Finistère *minard*, „gros chat" (Roll., III, 97);

merlan: pr. *mouno* („chatte");

squale (37);. pr. *maraco* (Gasc. *mirco*, Guy. *màrracho*), esp. *marrajo*, port. *marraxo*;

trigle (par comparaison de sa tête cuirassée à celle du chat): pr. *mineto* („petite chatte").

b) Des insectes:

larve de hanneton (37[b]): Meuse *macon* et Guern. *magot* (Roll., III, 331);

lombric (= ver): it. *mignatto* („minet"), esp. *miñosa*, port. *minhoca* (galicien *moñoca*);

mite: fr. *migne*, mite de la cire (Duez), et *mignon*, id. (Furetière), Pic. *mine* (mène), mite, et *minon*, vers engrendrés dans les viandes, les fruits, les fromages (Jouancoux);

sangsue (son corps long assimilé à celui d'un minet): it. *magnatta*,[1] *mignatta* (bignatta) et *mignella* (mignera), Sic. *mignetta*; port. *bicha* („chatte");

ver à soie (81): pr. et anc. fr. *magnan* (Rabel. II, 11: halleboter après les *maignans*; fr. mod. *magnanerie*), avec les var. *magna* (Gard A.), *magnac* (H.-Loire), *magnard* (Aveyr.), *magnaud* (Dauph.; Ol. de Serres: *magniau*, Cotgr.: *magnaud*), *magni* (Forez); *magnon* (Isère) et *magnot* (Rouergue), tous signifiant „minet"; it. *mignanna* (Piém.) et *mignatti* (Duez; Abr. *magnate*); Arag. *mona* („chatte");

ver luisant (37[b]): Val Furva *mamauin*, dim. de *mamau*, insecte (V. *gata*, 37[b]).

c) Des oiseaux:

canard garrot (54[c]): pr. *mièu mièu*, fr. *mion* (Hainaut: cri du chat), Jura *miou*; port. *meauca*;

---

[1] Nigra, *Archivio*, XIV, 280.

chouette (81[b]): Sarthe *miou,* Isère *no* (= gno), f. *gnieuca* A.; Abr. *nicchie* (= gnicchie), Lyon. *gnocca* (nocca), répondant à *gnauca* (qui miaule);[1]

épervier (il miaule comme un jeune chat): H.-Vienne *miaulard* A.;

goëland (cf. mouette): fr. *miaulard,* anc. fr. *margau* („matou");

milan (d'après le cri): Lim. *miaulo* (miaulard), Cantal *miarou,* Arden. *mio-mio,* pr. *mietoun,* Palerme *miula;* galicien *miñato, miñoto* („minet");

mouette (84[b]): Pic. *miau* (miaule, miaulis), fr. *miaulard,* esp. *meauca;* it. *mignattino* („minet"), *mignattone;*

plongeon (70[c]): Gard *miauco;*

vanneau (son cri est aigu et court): wall. *gnawète* (gnanwète), Toscan *miciola, mivola* (Ravenne *felina,* Roll., II, 350).

d) Certains petits félins:

belette (appelée dans les patois „petite chatte"): Vosges *marcolle* (Lorr. *barcolle*), et *marcolatte* (margolatte; Meuse *barcolette*); wall. *marcotte* (May. *margotaine*) et *marlouette;*

hermine (espèce de belette): Norm. *margotin* (Roll., I, 62), propr. petit chat; cf. danois *læcat,* norrois *röskat* (= fr. rosselet);

fouine (70[d]): Lille *margotaine* (Roll., I, 60).

e) Des mammifères:

marmotte (119): Alpes *magnoto* (d'où fr. *magnote*), propr. minet;

singe (70[e]): fr. *magot,* gros singe (= matou) et *matagot,* compromis entre *magot* et *matou,*[2] singe des forains, auquel les bateleurs apprennent mille tours de souplesse; it. *micco,* dim. *micchetto* (cf. *micco-micco!* miau!), d'où fr. *mico* (micou), esp.-port. *mico,* petit singe, à côté de *micia,* guenon (Duez), propr. chatte; it. *monna, mona,*[3] guenon (*mona,* une chatte, à Venise, Duez), dim. *monina* (Mil. *monina,* minette); anc. fr. *monnequin,* auj. *mone* (monin), singe à longue queue; esp.-port. *mono* (*moño,* primitivement chat), dim. *monico* (monicaco, monicongo, monigote), et *mona* (*moña*); pr.

---

[1] Voir *Appendice* C.

[2] Ce mot qu'on rencontre d'abord dans Rabelais, qui l'avait pris à un patois du Midi (cf. pr. *matagot,* chat sorcier), a beaucoup préoccupé ses commentateurs; voici, à titre de spécimen, leurs élucubrations à son égard: *Matagot,* composé de Goths et ματαιός, et signifie des Goths ineptes, imbéciles (Le Duchat); dans *matagot,* l'it. *matto* nous marque les folles idées que ces matagots se forment de Dieu (Id.); de Goths et *matou,* gros chat (qui est fou parce qu'il est en chaleur), ou de Goths et μετά, trans, plus que les Goths (Esmeingard); *matagot* doit signifier *qui mactant Gothos,* ceux qui assomment les Goths, peuple hérétique (éd. Variorum); cf. Godefroy: *matagot,* terme d'injure tiré du nom de Mathieu Got, chef des Anglais dans le Perche au XVe siècle ...

[3] Schuchardt (*Zeitschrift,* XV, 96) voit dans it. esp. *mona* une abréviation du turc *maïmoun* (qui a donné en it. *mammone,* 70e), et de même, dans gr. mod. μοῦνα; ce dernier est, à notre avis, un emprunt fait au vénitien *mona,* chatte et guenon (le turc *maïmoun* a donné en gr. mod. μαϊμοῦ).

mouno (mougno), chatte et guenon (Lim. singe), Quercy *moino*, Gasc. *mouni* (mounin), et *mounard, mounino* (mouneno, mougnegno), id.[1]

103. En botanique,

a) Des plantes:

.bluet (94): pr. *mounino* („petit chatte“);

cataire (71): pr. *amistouso* (Quercy *mistorio*) et *menuguelo* („minette“); fr. *minette*, anc. fr. et Vosges *minon*, Berr. *mignonette*, May. *mionette*;

dentelaire (71): pr. *maturlo* (matucel) et *machurlo*;

gesse (plante grimpante): Meuse *macò*, Troie *marcou* (Roll., *Flore*, IV, 209); Puy-de-Dôme *mioleto*;

luzerne (V. trèfle): Berr. *mignonette* et St.-Pol *minette* (May.: lupuline);

mandragore (herbe magique): Lim. *matagot* (= chat sorcier) et citrouille, Berr. *matagot* (martagot), herbe de pic („qui passe pour enlever au pivert la force de percer le chêne avec son bec“, Jaubert); V. singe, 102e;

œillet (appelé dans la H.-Marne „œillet de chat“): Lot-et-Gar. *minoun* („minet“); cf. fr. *mignonette, mignotise* (d'où esp. *minotisas*), auj. *mignardise*;

trèfle (ses fleurs sont disposées en chatons très serrés): anc. fr. et Berr. *minons*, May. *mitons*, Oise *matou*, Loire-Inf. *mimi* (Roll., *Flore*, IV, 139).

b) Des amentacées: saule (71[b]): Mil. *migna*, H.-Italie *mognon*, saule poilu, Canav. *musa* (mudja), saule sauvage.

c) Les chatons des amentacées (55[b]): pr. *magnan* (du peuplier blanc), it. *migna, mignola* (de l'oranger) et *migno, mignolo* (de l'olivier), Norm. Calvados *mignette* et *minot*, Berr. *mignon* et *minon* (Ain *mnon*), Bess. *minet*, Suisse *minette* (du saule), Cher *mino* (nino A.), Creuse *minodou* (= minaud: de saule A.) et wall. *minou*; it. *miciolo* (du châtaignier), Vendôme *mimi*, May. *mitons*; Sav. *mire, miron*, Isère *miroun*; cf. allem. dial. (Lausitz) *minzel, buselchen*, id.

d) Termes relatifs à la vigne:

brouillard (qui flétrit les vignes): Fr.-Comté *magnin* (Roll., III, 239); cf. Forez *magni*, ver à soie (105[b]);

élaguer (55[e]): it. *miagolare*, Mil. *gnaulari* (= chatter) et *mognà* (= gatinà, 55[e]);

greffe (V. marcotte): pr. *meno* („chatte“, et race, espèce); cf. anc. fr. *mine*, souche;

marcotte (71[d]; cf. couper les branches d'un arbre *en dos de chat*): *marçotte* (1398: *marcot*; Ol. de Serres: *marquote* et *margote*) et *margotte*, propr. chatte, d'où it. *margotta* (margotto),[2] à côté

---

[1] Voir *Appendice B*.
[2] Ménage et Diez font remonter *marçotte* au lat. *mergus*, provin.

de *margolato* (= fr. dial. *margolate*, primitivement chatte, forme parallèle à *marcotte*, 102ᵉ); cf. Mil. *magnö*, id. (= minet?);

104. En agriculture, tas de blé (40): Lyon. *miau* (myò), Sav. *mya*, pr. *minet*; cf. fr. *marcottin* (margotin), petit fagot (V. *marcotte*, 102ᵈ), et Poit. *mioche* (gnioche), tas de fagots, propr. minet; Piacenza *morgnon*, tas de gerbes (= matou).

105. En météorologie, nuage précurseur de la pluie (cf. 58): Poit. *maragot*, nuage qui arrive du côté de la mer (Favre), et *matagot* (martagot), bande de nuages qui paraît le soir à l'horizon du côté de l'ouest (Lalanne); ce sont des compromis entre *marou* et *magot* („matou") d'un côté, entre *matou* et *magot* de l'autre (V. singe, 102ᵉ).

106. Applications techniques,

a) Outils, d'après la forme extérieure:

chenet (83): Clairvaux *minet*;

cuve (sur pieds et munie d'anses, assimilée à un minet): Sic. *mucinu* („bigoncia da someggiar l' uva"), *mucina* („colatojo del mosto"), propr. jeune chat, jeune chatte.

Ou d'après la forme recourbée:

crochet (65): esp. *mozo* („chat"), et battoir de blanchisseuse; port. *bicheiro*, gaffe;

pelle (pour tisonner): Mayen. *rouaudé*, pelle pour tirer la braise du four (de *rouauder*, miauler très fort, 10);

verrou d'une serrure (cf. *gatillon*, gâchette 52ᵇ): it. *boncinello*, propr. petit chat (*boncio*).

b) Termes pour fourrure et choses fourrées:

bonnet (fourré): Norm. Calvad. *mignette*, bonnet de fillette entouré d'une bande de fourrure (de Guer), Sic. *mimi*, coiffe; cf. wall. *madou*, bonnet d'enfant fait d'une petite pièce d'étoffe (= matou?);

duvet (44): Berr. *mine*, plume et aigrette des graines, et Pic. *minon* (wall. Mons *minou*, St.-Pol. *minoute*), duvet, poils ou filaments cotonneux de certains graines, et St.-Pol *minine* (minou, minoute), poils legers provenant de l'usure des étoffes; cf. allem. *Buse*, id.;

fourrure (59ᵈ): Norm. *minot*, St.-Pol. *minoute*; pr. *minet*, manchon, Sav. *minon* (wall. *minou*), tour de cou en fourrure; anc. fr. *miton* (XVᵉ s.), sorte de manchettes (Poitou et Jura, manchon; Morv., manche de gilet, May., cache-nez); fr. dial. *mittasses*, espèce de bas sans pieds (Littré, *Suppl.*);

gant (les griffes du chat sont emboîtées dans une membrane d'où elles rentrent et sortent comme font les doigts d'un gant): anc. fr. et dial. (Berr., Poit., Fr.-C., Suisse) *mite*, sorte de gants laissant le bout des doigts á découvert (= chatte), *mitaine* (XII⁰ s.: *mittaine*), id.,[1] Suisse *mettana* (bettana), et *mitoufle*, id. (Oudin);[2] velours (cf. patte de velours): réto-r. *minna* („minette?") et Pic. *minon*, passementeries veloutées avec lesquelles on borde les toilettes féminines.

107. Faits concernant la vie physique du chat:

être en chaleur (60): Berr., Poit. *marauder*, miauler (du matou en rut), et *aller en maraude*, du chat (Deux Sèvres: des garçons) que l'amour fait courir (cf. it. *andare in gattesco*, 60); Liège *marcouler* (wall. *marcotter*), appeler le matou (se dit d'une chatte); anc. fr. *margauder*, s'accoupler, des chats (Mayen. courir après les femmes); wall. Mons *marouler*, crier comme des chats en rut (et rechercher les femmes, chercher à se marier), Jura *matouler*, courir le chat; pr. *minounå*, s'ébattre avec les matous; Lorr. *raouer*, courir le guille-dou; May. *rouoder* ou *rauder* (Maine *rouodir*, *raudir*), courir le monde (de *rouaud* ou *raud*, chat en rut, 26), propr. rôder comme un chat: de là, anc. fr. *raudir* (XV⁰ s.), mod. *rôder*[3], courir çà et là, parcourir (XVI⁰ s.); Lyon *miå*, courtiser, faire l'amour, it. *mionzo*, un amoureux (Diez);

chatter (60): pr. *minounå*, anc. fr. et Norm. *mitonner*, Bas-Valais *feludza* (cf. *fel*, chat, 26);

gronder (60): May. *mionner*, parler entre ses dents (Amyot: fredonner), Bresse *miauner*, fredonner (= miauler); Norm. *romancher* (Bessin *r'manchier*, May. *romancer*), grommeler[4], Vén. *rammanzina* (romancina), gronderie (d'où it. *ramanzina*, sémonce); de là, les notions dérivées:

pleurnicher (84): fr. *miauler* (Lacurne *biauler*, crier, des enfants) et *miailler* (Châlon. *miller*, crier d'une manière perçante), it. *miago-lare*, Vén. *gnaular* (sgnaolar), Bol. *gnular*; Sav. *mionner* (pr. *mian*, plaintes), Piém. *gnaogné*, *gnogné*, gémir (= miauler), Brescia *gnegna*, Marches *gnagnera* (Abr., Rom. *gnagnara*), pleurnicherie et miaule-ment (aussi bout de la queue du chat qu'on mutile pour l'empêcher

---

[1] Ménage: „Je crois que le mot *mitaines* (gands d'hiver qui sont fourrés) a été fait de celui de *mite*, dans la signification de chat, par ce qu'on fait ordinairement les mitaines de peau de chat. Les Latins ont dit de même *galea*, de γαλέη, à cause qu'on fourroit les casques de peau de chat." Le suffixe *-aine*, se retrouve dans *margotaine* (102ᵈ), dans *croque-mitaine* (126ᵇ) et dans *marmotaine* (119). Le mot remontant à la fin du XII⁰ siècle (date du *Partenopeus*), trouve un pendant chronologique dans *cateron* (131ʰ), deux des plus anciennes métaphores tirées de le notion „chat".

[2] Diez dérive *mitaine* de l'allem. *Mitte*, milieu (c.-à-d. gant divisé en deux moitiés); Körting pose un type *medietadana* (d'où *mitoyenne*).

[3] Diez tire l'anc. fr. *raudir*, mod. *rôder*, du lat. *rotare* (qui a donné *rouer*); Cohn (V. Koerting s. v. *rabies*), du lat. *rodĕre* (qui a donné l'anc. fr. *rore*, ronger), et Koerting (s. v. *rotare*), d'un type *rabidare* (qui serait la base de l'anc. fr. *reder*, délirer).

[4] May. *romancines* (roumancines), moustaches du chat (cf. *romioner*, gronder, 10), appelées encore *grondouères* ou *sentouères* (cf. *sentement*, odeur), Norm. *mingrolles* et Mil. *mismaffi* („moustaches de chat").

de miauler), Monferr. *gnero*, enfant qu pleurniche; Côme *morgná* (Rom. *gnorgné*) et Naples *regnolejare* (= miauler); Norm. *micher* [1], Rom. *gnicché* (Bol. *gniccar*), it. *nicchiare*, se plaindre tout bas, des femmes en couches (= miauler) [2]; et

mendier: May. *miander*, miauler pour demander à manger, et Venise *gnaolar* (sgnaolar), demander l'aumône; St.-Etienne (Forez) *miaôlant*, quémandeur („comme un chat qui miaule pour avoir un morceau"); Norm. *millaud*, mendiant (de *miller*, V. pleurnicher) et Sic. *minnicu*, id. („minnet"); Vosges *raminer*, quémander (et se plaindre constamment); cf. Suisse allem. *mauen*, mendier (= miauler), et *räulen*, id. (= routonner);

s'accroupir (60): Naples *muchio muchio*, tout blotti (= it. gatton gattone);

cacher (= s'accroupir): Suisse *mirihi*, mettre à couvert (de *mire*, chat); cf. pr. *fa meuco*, se cacher (du soleil), et *fa gnau*, se montrer subitement;

envelopper (= cacher): fr. *amitonner* (Duez: rinchiuso e camuffato nella pelle come una gatta), *emmitonner* et *emmitoufler* [3] (Pic., Norm. *amistoufler*);

grignoter (les chats ne peuvent manger que lentement et difficilement): Pic. *mier*, *mioter*, Marne (Gaye) *miouler*, mâcher lentement comme font les vieilles gens; pr. *gnau*, coup de dent, et *gnaugna*, pignocher; Norm. *mionner*, manger avidement (May.: sucer sa langue, remuer la bouche, en parlant des enfants); de là, la notion de:

pâtée (panade): May. *miamia*, nourriture des petits enfants, et *miachée*, pâtée pour les chats (Pic. *miache*, aliment), Pléchatel *mié* (myé) et Vendôme *miot* (myò), fr. *miaulée*, pain émietté dans du vin ou dans du lait (Troyes: ce qu'on mâche avant de le donner aux petits chats, Grosley); pr. *miato* (gnato), miette de pain et pain grossier (*biato*, aumône); anc. fr. *mioche* (Yon. *gniouche*) et *mion* (auj. Poitou), miette de pain, à l'instar du Norm. *miton*, morceau de mie (fr. partie molle de pain): *soupe aux mitons* ou *mitonnée* (Pléch. *mitrounée*), panade qui est restée longtemps sur le feu; [4] *faire mitonner un potage*, faire bouillir et tremper lentement le pain dans le bouillon sur le réchaud (Oudin), d'où fig. *mitonner*, disposer ou préparer lentement, prendre grand soin;

ramper (84): Clairv. *miaou* (marcher, aller à), marcher courbé, soit pour dissimuler, soit pour cause de vieillesse ou de douleur.

---

[1] A la forme réduite *nicher* se rapporte le second élément du fr. mod. *pleurnicher* (1774), composé synonymique à l'instar du port. *choramigar*, dans lequel *migar* est la forme renforcée de *miar*, miauler (esp. *miagar*, 8); l'it. dial. *gniccar* remonte à *miccar* (cf. *micco*, miau).

[2] Peri (*Miscellanea Ascoli*, 440) fait remonter it. *nicchiare*, gémir, à un type *nicticulare*.

[3] Diez met *emmitoufler* en rapport avec le lat. *amictus*, enveloppe.

[4] De là, aussi, Norm. *miton*, poire précoce (Dubois), Reims *miton*, bain d'eau tiède (*mitonner*, faire un miton, laisser s'attiédir), et fr. onguent *miton-mitaine* (= minet-minette), remède qui ne fait ni bien ni mal.

108. Ajoutons:

chatière (61): Sic. *muciuluni*, bouge, propr. (trou de) minet; lucarne: Terraman. *mattarole* (chattière?);

vacarme (78): Vendôme *ravaud*, May. *racaut*, rut des chats et bruit dont on ne connaît pas la cause (de *ravaul, racau*, chatte en chaleur, 26); de là, anc. fr. *ravaudis*, tapage.

109. Faits concernant sa vie morale:

caresser (86): Pic. *amiauler*, propr. flatter en miaulant, Norm. *amioter*, et fr. pop. *ronronner*, cajoler; Abr. *maule* (mavele), cajolerie (= miaulement), et Mantoue *gnola*, Piém. *gnaogné, gnogné*, pr. *gnougná* (= miauler); Mayen. *miner*,[1] Bol. *mnein*, cajoleur; anc. fr. et dial. *mignarder, mignonner, mignoter* et *mignauder* (130); Naples *gnuoccole*, cajoleries (= mignoccole, V. sot, 110), Sic. *minnicaria*, caresse (= chatterie), et *muciulu*, caressant (= minet); Suisse *mirihi* (de *mire*, minet) et *mitihi*, May. *mitonner, amidonner* (de *mite, mitón*, minet);

convoiter: Morv. *mionner* et fr. *miauler* (Oudin: Tu as beau *miauler*, tu as beau souhaiter . . .);

fâcher (se, 62): Berr. *marauder*, et May. *se démiter*, propr. se mettre en colère comme un chat (cf. esp. *estar de morros*, bouder);

flairer (quêter): Sic. *affutari*, propr. siffler (du chat en colère); cf. it. *fiutare*;

lambiner: Abr. *muçiá* (musciá); V. languissant, 110;

griser (se, 62): Pléch. *se miner* (d'où *minée*, pointe d'ivresse); pr. *carga la mineto*, propr. charger la minette (et *prene la miato*, attraper la chatte?); catal. *mix*, ivre („minet"), et esp. *moña*, cuite („chatte"); cf. Suisse allem. *Buseli*, cuite légère (= minet);

taire (se, 62): *muci!* (buci!), *mucio!* silence! (= minet); May. *demine*, tout doucement, et fr. pop. *minon-minette* (entrer en), à la dérobée comme une chatte.

110. Epithètes:

affecté (cf. hypocrite): May. *miaulou*, id., et wall. *miauler*, faire des mines d'afféterie (Rémacle); pr. *mian*, façons (= miaulement), Vén. *miascio* (smiascio), it. *smiacio* (smacio, smagio), id.; it. dial. *morgne, mogne* (mone, moìne), mines, dim. *morgnine* (Côme; Mil. *gnorgne), mognine* („minauderies", Duez), et *monine*, id.; Brescia *mignone* (minone) et Frioul *mignognulis* (Napl. *gnuognole*), façons, et Venise *gnagneo*, id., Gênes *gnagnue* et *filecche* („chatteries": cf. *filippe*, 26); pr. *mineto*, mines (*minouno*, chatterie), et *miroun-mirello*, simagrées (= minet-minette); anc. fr. *minois*, minaudier, mod. *minauder*, affecter des mines (= faire des chatteries, de *minaud*, minet), et Champ. *mitouries*, chatteries, Norm. mascarade accompagnée d'un cérémonial burlesque („fêtes populaires qu'on célébrait à Dieppe

---

[1] Cf. la formulette poitevine (Pineau, *Folklore du Poitou*, p. 469): *Minet, minet*, d'où viens-tu? . . . (ceci en chatouillant le creux de la main de l'enfant); ce qui rappelle le vieux *grippe-minaut* (34 note).

le jour de l'Assomption", Moisy); port. *bichancros*, minauderies (=
chatteries);

avare: wall. *marou*, anc. fr. *mitou* ("matou");

bigot: pr. *menet* ("minet") et Poit. *ménette*, dévote (= minette);
Périg. *roumiu* ("qui ronronne");

capricieux: pr. *ramagnol*, *remamiau*, caprice, lubie (= gronderie),
et *roumadau* (Gasc. *arremido*), id.; it. *gnagnera*, caprice (= miaulement);

colère (74): Gênes *futla* (Lomb. *fotla*), id., Sic. *affutu*, parole
violente ("il soffiar del gatto in difesa", 10); de là, la notion de:

moue: Aveyr. *merro* ("chatte"); it. *boncio* (chat: "*boncio* lo stesso
che broncio", Tommaseo);

curieux (cf. fouiller, 60): Berr. *miteux*, id., et Yon. *mitou* ("jeune
chat"), homme qui se mêle un peu trop des détails de son ménage;

débauché (63): anc. fr. *margou*, coureur (= matou), et Liège
marcoteu, id.; pr. *garri*, mâle en rut (= matou);

doux: Berr. *mitou*, docile (cheval ou bœuf), pr. *mistoun* (nistoun),
apprivoisé; esp. *morroncho*, bénin ("minet"); cf. St.-Pol *minoute*
("minette"), tout ce qui est velu, doux au toucher; Alpes *magn*,
Béarn *minous*, douillet;

entêté (cf. entêté comme un chat qui vient d'être battu):
Hague *mahoun* ("matou"), homme entêté et morose;

friand (63): Hain. *miard* (miou); pr. *mounassarié*, friandise (de
mounasso, minet);

gentil (87): pr. *magnac* (magnoun), *minet* (menin) et *mirgaud*
("minet"), Bourn. *megno* et *mino* ("chat");

hypocrite (87): Berr. *miandoux*, propr. miauleur (cf. Norm.
amiauler, tromper comme un chat); Pic. *mite* ("chatte"), individu
doucereux, flatteur, insinuant (Jouanc.), pr. *mito*, chattemite; anc. fr.
et Poit. *mitou* ("matou"), hypocrite (anc. argot: mendiant qui se
donnait l'air d'un malade), et *mitouin* (d'où *mitouiner*, flatter), *mitouflet*
(Mist. du viel Test., VI, 46126); Côme *morgnon* (morgnin), de *morgn*,
matou; esp. *marrajo*, id.;

languissant: fr. pop. *gnan-gnan* (cf. *cate catie*, 88), Romagne
gnan, Naples *gnagnolla*, Mil. *gnignon*; Abr. *mavela mavele* (cf. *perde
lu maule*, esser prostrato, mogio), it. *moscio*, *muscio* (Ferr. *moss*,
Sic. *mussu*) et *mogio* (Piém. *mösi*), tous signifiant (faible comme un)
minet (24 c)[1]: *gatta mogia* (cf. Marches *morgio*, *mogio*, hypocrite)
équivaut à l'esp. *mojigato*, chattemite (123);

maussade (87): Suisse *gnauca*, fille maussade ("chatte qui
miaule"), et *mionna*, qui se plaint sans cesse (de *mionner*, gronder,
May. ennuyer de ses plaintes); pr. *garri*, mauvaise humeur ("matou"),
et Piém. *maruf* (baruf, Dauph. *barufo*, moue), fâché, bourru (cf. fr.

---

[1] Diez hésite, pour l'it. *moscio*, entre *musteus* et **muccidus*; Schuchardt
(*Rom. Etym.* I, 58, 60) se prononce pour le premier (auquel il réduit également
mogio); Pieri (*Archivio*, XV, 217) voit dans *moscio* un doublet de *mosso*, de
movere, à l'instar de *floscio* (= fluxus?).

dial. *marouf*, matou, 19^b); esp. *moña*, *morriña*, tristesse (= minette), et *murrio*, triste (cf. *morro*, chat);

querelleur (74): pr. *garrouio*, querelle (de *garro*, matou), répondant à l'esp. *morra*, querelle, propr. chatte (= it. *gatta* 51);

rusé (63): May. *mi* („minet"), it. *gnauo*, habile, adroit (Duez); esp. *maula*, ruse (Abr. *miaula*); port. *bichaço* et *marraxo* (= span. *marrajo*, V. hypocrite); fr. *matois* (pr. *mat*), propr. matou (cf. *minois* de *mine*), Suisse *miton* (niton), malin, à l'instar du Bessin *marlou*, id. (= matou, 19^b); d'où argot *marlouserie*, malice);

rustre (87): May. *marcou*, homme grossier („matou"), et fr. *matou* (Oudin: un gros *matou* de gouttière, un gros garçon, un bon lourdaud);

sot (51): Suisse *matou*, stupide;[1] it. *mignocco*, un badin (Duez), d'où *gnocco*, niais; fr. *minon*, simple (dans *attrape-minon*), Sic. *minnuni* (minnali), Gallure *minnanu*, Sassari *mignonu* (V. *Archivio*, XIV, 399), à côté du Sic. *gnognu* (niais et rusé), *gnignu*, *gnegnu* (it. *gne gné*, sot, et *gnegnero*,[2] jugeotte), Rom. *gnagn*, Brescia *gnagno* (niais et finaud), Venise *gnagnao*, niais; anc. fr. *mion* (Oudin), Sic. *miuluni* (de *miulu*, miau), Rom. *miaca*, sottise; Berr., Sav. *nioche* (Lyon. *gnioche* = *mioche*, 112); Naples *muchione* („matou");

vagabond (63): May. *miao*, id. (*miaoder*, rôder), pr. *magnin* (Mil. *mognin*), vaurien; wall. *margoul*, vaurien (*margou*, matou), Châlon. *margoulin*, rôdeur (pr. ouvrier jeune et petit charretier, Norm. petit marchand forain, Lyon. colporteur);

voleur (51): Mil. *gnao*, Parme *gnaular*, voler (*fa el gnao* = *fa el gat*), et Berg. *migni* „minet"; Yonn. *marlouf* (de *marlou*, matou); anc. fr. *matois* (cf. langue matoise), auj. malin (V. rusé).

111. Maladies:

crasse (les minets en sont souvent couverts): wall. *mène* (= *mine*, chatte), crasse sur la tête des nouveaux-nés;

fièvre (petite): Frioul *gnagnara* (Mil. malaise, it. aversion), Parme *gnignetta*, légère indisposition;

louche (cf. chassieux, 75): Sic. *miciu*, propr. minet (99); Pic. *minon*, myope (= jeune chat);

moisir (88): Berr. *gnioler* (= miauler) et Pas-de-Cal. *miuler* (biuler); Pic. *minons* (wall. Mons *minou*, St.-Pól *minoute*), moisissure en forme de duvet (comme sur les confitures).

112. Emploi hypocoristique,

a) Appliqué aux personnes:

enfant (89): Berr. *mias* (= *myà*) et *miaille* (miaillon), Norm.

---

[1] Cf. *le mal Tibaut mitaine*, être sot (Oudin), peut-être le mal du chat Tibaut (ou Tibert, nom du chat dans le *Roman de Renart*): „Dieu gard de *mal Thibaut mitaine*" (Rabel. II, 11).

[2] Suivant Caix, Pieri et Salvioni (*Romania*, XXVIII, 97), le Sic. *gnegnu* (gnignu), jugeotte, remonterait au lat. *ingenium*. Cf. pour la finale du dérivé *gnegnero*, la forme parallèle *gnagnara*, caprice (110), l'un et l'autre dérivant des verbes patois *gnagna* (= pr. *miana*, 7) et *gnegná* (Gênes *miegna*), miauler.

gnias (*gna*), wall. *nio*, bambin; Jura *mimi*; fr. pop. *mioche* (Yon. *gniouche* = pr. *miaoucho* „qui miaule“), anc. fr. (Oudin) et May. *mion* (cf. *mionner*, miauler), id.,[1] *miot* (gnao), dernier né d'une couvée, dernier enfant; Poit. *maraud*, comme terme d'amitié et comme appellation générique (= matou, 19[b]); pr. *menin* (menit, menout), Suisse *minot*, St.-Pol *minoute* (terme d'amitié donné aux chats et aux petits enfants): H.-Alpes *meina* A., Valais *meno* et Aoste *mina* A., Sic. *mininu*, catal. *miño*, esp. *niño* (cf. Cher *mino* et *nino*, 103[c]);

garçon (89): Alpes-Mar. *magnan*, Lyon. *magnaud* („fils aîné“, Vendôme *méniau*, grand garçon, maigre = matou), H.-Sav. *megna* (mgna), Suisse *megnot* (menot, menolet), esp.-port. *menino* (d'où fr. *menin*, auj. Berr. *ménin*, enfant); Suisse *minó* (minolet), Pyr.-Or. *mignou* (Lim. *migneroun*, enfant gâté) et *miue* A.; port. *moço*, esp. *mozo* (dim. *muchacho*, Arag. *mesacho*), propr. chat,[2] d'où it. *mozzo* (Gênes *mussu*), valet, fr. *mousse* (terme de marine, emprunt du XVIe s.; auj. May. *mousse*, petit garçon espiègle, dim. Vendôme *moussepin*, *moussepion*, galopin), pr. *mossi*, bambin (et *mouchacho*, enfant désagréable); pr. *margoulin*, gamin, et *argoulet* (= margoulet), bambin, propr. jeune chat;

fille (89): Jura *migna* (Berr. *mogne*) et fr. *minette* (Hainaut: petite fille délicate); esp. *moza* (port. *moça*), d'où it. *mozza*, fillette (= chatte); esp. *morra*, minette (terme d'amitié);

frère (lai): port. *marrufo* (cf. fr. *marouf*, „matou“), frère lai qui a soin du réfectoire (cf. Hain. *cat d'ermite*, ceux qui faisaient le ménage dans la cuisine du couvent des carmes);

patron (47): it. *boncio* (Pulci), litt. chat; port. *bichaço*, gros bonnet (= gros chat);

poupée: pr. *mico* („chatte“), et *menino* („fillette“).

b) Appliqué aux animaux:

lapin: Châtenois *miqui* (et *mico!* pour l'appeler);

veau (qui tette): Abr. *miçiarole* (de *miçe*, minet); cf. Suisse allem. *Buseli*, veau d'un an (= minet).

113. Noms de parenté (comme termes d'amitié):

grand père (et grand' mère): pr. *minet* (menin), grand père, Limagne *migno* (mino), grand' mère, Berr. *mignon* (appliqué à tous les deux); Sarde (Gal.) *minnanu*, grand père, et Corse *minnona* (Udine *menona*), grand' mère;

père (et mère): H.-Italie *musc*, *mosc*, propr. chat, f. *muscia*, *mugia* (cf. Tappolet, 35);

---

[1] On dérive généralement *mion, mioche*, bambin, de *mie*, miette.

[2] Suivant Guyer (dans Ménage), „*mozo*, jeune garçon, a été formé de *mustus*, c'est-à-dire *novus*“, et cette étymologie a passé dans Diez; on a également proposé des types comme *muticus* et *mutius* (= mutilus; cf. Koerting). Voir sur les difficultés phonétiques des pareilles dérivations, D. M. Ford, *The old spanish sibilants*, Boston, 1900, p. 76 s.

tante: anc. fr. *amiste* (= la miste), Métivier (manque dans Godefroy); it. *magna* (Duez: mot lombard), auj. Piém. *migna*, Gasc. *mounoune* (= petit chatte; cf. Bayon. *megnune*, oncle).

114. Noms de divers jeux (77):

anc. fr. *mine*, jeu de dés (*Renart le Nouvel*, 4558), et *minette* (auj. Pic., jeu de boire); it. *minella*, jeu de trou-madame (Duez) et *minnone*, jeu de cartes (Duez; déjà dans le Pataffio, III, 38); cf. Mantoue *mignin*, brisque (= minet), Arag. *mona*, id., à côté du fr. *misti* (mistigri), le trente-et-un (appelé aussi *mistron*) et valet de trèfle (au jeu de brelan); Piém. *mitoccia*, jeu de tarots (cf. *mitouche*, fém. de *mitou*, matou, 132), et esp. *morra* („minette"), jeu de la mourre, jeu de défi qui passa de l'Espagne (cf. *morra*, querelle, 110, et *andar alla morra*, se battre) en Italie et en France (Rabel. IV, 14: Les paiges jouoient à la *mourre* à belles chiquenauldes);

colin-maillard (89^b): pr. *minet-minet*, id., et *marcou* („chat"), jeu où l'on se poursuit en criant *marcou!* cf. Clairv. *misseraude*, l'enfant à qui l'on a bandé les yeux (il crie: *ch' lai misseraude!*) et Vosges *creuye d'mitâ*, croix de matou, jeu enfantin („signe ou croix tracé sur la terre pour effrayer ou faire passer l'adversaire, lui faire manquer son coup", Sauvé); cf. Suisse allem. *Büseli, mach miau*, id.

115. Emploi péjoratif:

chaudronnier ambulant (90): anc. fr. *maignan* (Rabelais, *Pronosticat.* 5: lanterniers, *maignins*), it. *magnano*, serrurier, Pic. *magnaque*, Suisse, Jura *magnin*, fr. *magnier*, chaudronnier (Béarn *magni*, ramoneur, et Bourn. *mégnin*, rétameur); cf. Clairv. *matou chaudronnial* injure dont les enfants poursuivent les chaudronniers ambulants, étameurs, etc., et wall. de Bouillon *migneron*, ferblantier qui roule par les villages; cf. Parme *mogn* („matou" = rôdeur), Suisse qui, pendant l'hiver, vend des marrons en Italie;

chiffonnier: Berr. *mignaud*, marchand de guenilles (*mignauderie*, rebut de mobilier, et *ramignauder*, ravauder);

novice: it. *marruffino* (de *maruffo*, fr. *marouf*, matou, 19^b), apprenti, auj. ouvrier en laine et en soie;

marmaille: sarde *maúglia*, propr. engeance de chats;

usurier (78): anc. fr. *mitou* (= matou).

116. Emploi euphémique,

a) Désignant des personnes:

galant: anc. fr. *mignon*, giton du roi, et Blais. *mignonne*, maîtresse (anc. fr. *mignarde* et *mignote*, d'où it. *mignota*, argot *mimi*), Mantoue *marcone*, amant (V. prostituée); wall. *margoulet* (argoulet), petit fat, propr. petit matou (V. garçon, 112);

maquereau: Berr. *marlou* (= matou), id., Lorr., souteneur;

mari (en mauvaise part): fr. *matou* et it. *marcone*[1] (Duez: *la pace di marcone*, la besogne de Vénus), port. *marco*, mot d'origine argotique (V. prostituée);

mijaurée (= chatte): Lyon. *gnignette* et pr. *miaureo* (,,celle qui miaule"); Côme *mignosa*; cf. it. *magnosa*, jeune mariée (Duez);

prostituée (49): Côme *mianna* (cf. pr. *mian*, minauderie); Poit. *menesse*, femme ou fille peu riche qui affecte des airs de grandeur ridicule (argot, prostituée); cf. pr. *meno*, chatte), argot *minette* (Clairv.: *faire minette*, caresser avec la main, pop. chatouiller, et (obscène) ,,lingua c. lambere vel titillare"); May. *minette*, fille fainéante et dévergondée; anc. fr. *maraude* (auj. Vendée *méraude*, femme de mauvaise vie qui a des enfants), propr. chatte en chaleur, à l'instar de l'anc. argot *marque* (terme fréquent dans les ballades de Villon), litt. chatte, mot passé dans l'argot it., esp. et port.: Val-Soana *marconà*, femme, esp. *marca* (marcona), femme publique (cf. galant), port. *marca*, maquerelle.

b) Organes sexuels:

nature de la femme (49): St. Pol. *bis* (,,minet"), et wall. *minou* (,,minet"), réto-r. *minna*; it. *felippa* (= chatte, 26) et *mozza* (muzza), id. (112), réto-r. *muozza*; cf. bas-allem. *Mutze*, prostituée (Suisse allem. *Mutz*, chat);

nature de l'homme: anc. fr. *marguet* (XVe s., *Romania*, XXXIII, 573), probablement petit chat mâle (cf. anc. fr. *margou*, matou).

c) Êtres imaginaires: épouvantail (92): Mil. et Monferr. *magnan* (,,chat"); Berg. *mao* (= miao); cf. Naples *gnanarire*, ensorceler (= enchamarauder, 92).

d) Interjections (50): pr. *miau* (gnau)! nenni! bernique! fr. *minon! minon!* (Oudin: dont on se sert pour refuser à une personne ce qu'elle demande); it. *micio!* (per micio!), *mucia!* pardi!

117. Applications isolées:

balle (comparée à une chatte pelotonnée): it. *bonciana* (de *boncia*, chatte, 23c); cf. allem. *Katze* (Katzball), éteuf, et *katzen*, jouer à la paume;

colle (coller = cramponner? cf. 59b): *matou-colle*, sorte de colle, et *marouf* (maroufle), colle forte (1628), propr. matou;

fanons (ces excroissances étant comparées à des chatons): Mil. *magnato* (,,minet") et Frioul *mingul* (id.);

gâteau (79): Berr. *miasse*, *mial*, tarte faite avec des fruits (= pâtée, 107), it. *bonciarella*, gaufre,[2] propr. petite chatte (de *boncia*, chatte, 23c); cf. Liège *mirou* (,,chat"), gâteau ayant la forme d'un O ou d'un S;

gourdin (son renflement comparé à la tête d'un chat): wall. *marlouf* (Yonne, matou); cf. angl. *cat-stick*, crosse pour jouer;

---

[1] On rapproche *marcone* du lat. *marculus, marcus*, marteau, pris dans un sens obscène (V. Koerting).
[2] Suivant Caix (*Studi*, 212), *bonciarella* dériverait du lat. *buccella*, bouchée.

instrument de musique (son outre comparé à un chat enflé, 79): anc. fr. *muse*, mod. *musette* (XIII° s.), primitivement petite chatte (24°);

monnaie (45): anc. fr. *mite*, *mitte*, mod. *mitaille*, *mitraille*, petite monnaie (1295: *mitaille*, 1375: *mistraille*); Naples *mignole*, *mognole*, argent (cf. argent *mignon*);

œil brillant: Béarn *œil d'arnaout* (= chat mâle, 25), œil grand ouvert; *ha lusi l'arnaout*, faire luire l'œil, jouer de la prunelle;

tas (105): Bourn. *mna* („minet"), gros tas de neige amoncelé par le vent (Fourgs *minau*); esp. *moralla*, amas (= portée d'une chatte).

Ajoutons la locution: *dès le patron minet*,[1] de très grand matin (les chats se levant de bonne heure), qui paraît signifier dès que les chats sont sur leurs pattes (*patron* = *pateron*, dim. de *pate*, patte), répondant à la locution synonyme *dès que les chats seront chaussés* (Leroux; cf. Anc. Th. fr., VII, 144: Vous êtes sortis du logis avant que les chats ne fussent chaussés).

V. Composés des noms hypocoristiques.

118. On a déjà relevé, à l'occasion de l'élément composant *ca* (93), cette fonction particulière à la notion chat, réduite à renforcer simplement le dernier terme de la composition. Ce phénomène n'est pas étranger aux noms hypocoristiques parmi lesquels *mar*, le nom patois du chat mâle, subit une dégradation analogue. Les composés français *marmite* et *marmote* (ancienne forme de *marmotte*, d'où l'on a extrait un masc. *marmot*) ne disent proprement ni plus ni moins que les simples *mite* ou *mote* (mod. *moute*, chatte); l'it. *marmogio* est une forme renforcée de *mogio* (primitivement chatte), comme l'esp. *margaton* est simplement l'intensif de *gaton*. Les uns et les autres appartiennent donc à la catégorie des composés synonymiques, au même titre que l'it. dial. *minügatt* ou l'esp. *mojigato*, ce dernier répondant exactement à *margaton*.

Voici les notions que désigne ce genre de composés:

119. En zoologie:

marmotte (ce gros rat des Alpes s'appelle „chatte",[2] à cause de ses proportions qui dépassent celles du rat ordinaire): anc. fr.

---

[1] Ou bien *dès le patron jaquet* (Norm. *jaquet*, écureuil = petit chat, 70ᵈ), avec les variantes: *potron* (Oudin *poitron*), *petron* (May.), *pitroun* (Hague), formes diminutives analogues.

[2] En allem., la femelle de la marmotte s'appelle „chatte", et à Salzburg, la marmotte elle-même *Mangelkatze*, calandre-chatte (V. Grimm). Quand elle est contente, la marmotte fait entendre un bruit intérieur analogue à celui d'un chat qui file (Brehm, II, 83), d'où l'interprétation populaire de marmotte par bête qui remue les lèvres ou qui marmotte; cf. allem. *Murmeltier*, aha. *murmunti*, litt. celle qui murmure (réto-r. *murmont*, id.): le *murem montis*, conjecturé par Bochart (dans son *Hierozoïcon*), est purement imaginaire.

marmote (marmot, marmotaine), mod. *marmotte,* mot originaire de la Savoie, patrie de la marmotte (cf. *marmoutin,* chat, 29°); du fr., le nom possa aux autres langues romanes (it. *marmotta* et *marmotto*);

singe (102°): fr. *marmot*[1] (XVᵉ s.), à côté de *marmion* et de *marmouse* (forme conservée par le breton), dim. *marmouset* (XIIIᵉ s.); le masc. *marmot* est refait sur le fém. anc. fr. *marmote,* guenon;[2] cf. it. *mormicca* (mormecca), guenon (= micca), à côté de *marmocchio,* singe, *marmotta,* guenon (tous les deux empruntés au fr.);

ver venimeux (102°): Corse *malmignatta, marmignattu,* propr. mauvais ver (= chat).

120. En botanique:

coquelicot·(98): Mantoue *marusola* (= mar-rusola), répondant à *garusola,* id. (95);

saule (103ᵇ): fr. *marsault* (XIVᵉ s.: *marsaus,* XVIᵉ s.: *marsaule,* auj. Berry), Velay *marsause* (= *gat-sause,* 71ᵇ), graphie fr. mod. *marceau* (marseau), répondant au wall. *minon-sa,* saule marceau (= chat-saule), et au Val-Brozzo *minügatt,* saule sauvage (ou épineux).

121. Applications techniques:

pelle recourbée (106ᵃ) pour tirer le sable des rivières: pr. *grato-minaud,* propr. gratte-chat;

pot où l'on fait cuire la viande (V. cuve, 106ᵃ): fr. *marmite* (XIVᵉ s.), pourvue anciennement de pieds (cf. Oudin: la marmite avec les pieds en haut, c.-à-d. renversée), propr. chatte (123), répondant à l'angl. *cat,* ustensile de cuisine à pieds.[3]

122. Faits concernant la vie physique et morale du chat:

agiter (s', 96): Sic. *maramiari,* propr. se démener en miaulant;

caresser (109): anc. fr. et May. *dodeminer, dodiminer* (du mot enfantin *dodo,* et *miner,* 109);

escarpolette (97): Modène *minnigatta,* répondant au Berr. *chabranloire* (97);

gronder (107): pr. *remiaumá, remoumiá,* grommeler;[4] Saint. *roumiá,* râle d'agonie (= Sic. *gattaredda,* 60);

ramper (107): esp. *marramiau* (ir a) et Mil. *marabiand* (andá a); Monferr. *mgnangaton* (mgnargaton, mgnavgaton), à quatre pattes;

vacarme (108): Lyon. *ramamiau* (pr., miaulement), et esp. *runrun,* rumeur (= ronron).

123. Epithètes:

bigot (110): anc. fr. *mategrin,* très dévot (= chat triste) et *mitemoe,* litt. grimace de chat;

---

[1] Voir *Romania,* XX, 550 (Bos), et XXIII, 236 (Jeanroy), où l'on dérive *marmot* de l'anc. fr. *merme,* petit.

[2] Voir *Appendice B.*

[3] Cf. cette devinette de la Haute-Bretagne (Sébillot, II, 42): Qui a sept pieds, quatre oreilles et une queue? — Une chatte dans une marmite.

[4] Suivant Hennicke (*Miréio,* éd. Koschwitz), ces verbes provençaux remonteraient au lat. *ruminare.*

colère (110): Morv., Poit. *marmoue*, litt. grimace de chat;

hypocrite (110): anc. fr. *marmite* (= chattemite, 80; d'où *marmiteux*),[1] dont le sens premier revient dans *saye marmite*, sorte de soie, douce au toucher, comme la robe de la chatte; pr. *grapominaud* (cf. anc. fr. *grippe-minaud*); esp. *margaton* et *mojigato* (mogato), chattemite,[2] Piém. *mognaquacia* ("chatte aplatie" = Vén. *gatapiata*, 74);

languissant (110): it. *marmogio* (barbogio), ramolli (= *mogio*, 110); Sic. *musciuma* (Abr. *musciummè*) et Naples *musciomatteo* (formé des syn. *muscio* et **matto*, chat, 20);

louche (111): wall. de Mons *macaveule* (macaveuque), qui voit mal (surtout s'il est chassieux), propr. aveugle[3] comme un chat (98);

sot (110): Venise *marmeo* (= *miau* "minet").

124. Emploi hypocoristique:

bambin (112): anc. fr. *marmion* (cf. *mion*, 112);

cache-cache (114): Tarn *maragnau*, et cri des enfants qui jouent (= miau);

colin-maillard (114): Berr. *cache-mite* et Côte-d'Or *cache-muse*, fr. *cligne-musette*; cf. Morv. *caîche-misseraude* (dim. de *misse*, chatte) et Poit. *cache-mistouri* (dim. de *miste*, chatte); Vaucluse *roumiau* A. (= chat qui ronronne) et Lauraguais *miaulo-miaulo* (V. *Revue des langues rom.*, 1891, p. 271);

gamin (82): fr. pop. *gromiau* ("gros chat") et wall. *gros gnon*, gros mignon.

125. Emploi péjoratif:

novice (115): fr. pop. *mistigri*, apprenti-peintre en bâtiments (= chat);

vendeur de marrons (115): Mil. *margnac* (cf. *margnao*, matou).

126. Emploi euphémique,

a) Organes sexuels:

membre viril (116[b]): anc. fr. *mistigouri* (cf. *mistigri*, chat, 20[a]);

nature de la femme (116[b]): anc. fr. *grobis* ("chat mâle", 30), mod. *mimi*.

b) Êtres imaginaires:

croque-mitaine (92): pr. *mamiau*, cri du chat qui mord et bête qui effraie, Sic. *mamau*, *mamiu*, chat et cri du chat (Forez *mamiu*,

---

[1] Il sert, dans le *Roman de la Rose*, à dépeindre "la papelardie" (v. 421):
   Ele fait dehors le *marmiteus*,
   Si a le vis simple est piteus,
   Et semble sainte creature . . .

[2] Cette étymologie perce déjà dans Covarruvias: "*Mojigato*, el dissimulado vellaco, que es come el mizigato, que diziendole *miz*, se humilla y regala, y despues da uñarada." Voir aussi Mme Carolina Michaelis, dans le *Jahrbuch für romanische und englische Litteratur*, XIII, 307.

[3] Hécart: "Pour se moquer de ceux qui louchent, les enfants disent: *Macaveule* à quatre oreilles, qui saque l'bon dieu par les pieds."

espèce de lutin); pr. *marmau* (barbau),[1] ogre (= chat qui miaule); fr. *croque-mitaine*, terme moderne qui signifie le chat (*mitaine*) qui croque les enfants désobéissants (le croque-mitaine ayant remplacé l'ancien *moine-bourru*), à l'instar du wall. *crahé-mawé*, id.; Venise *marmutone* (mamutone), bête noire, répondant au Lang. *marmoutin*, chat (25°);

épouvantail (116°): Côme *mamao* (maramao), Sic. *marramau* (marramamau, mirrimimiu), propr. miaulement (it. *morimeo* „voci di dolore", Fanfani); Sic. *maumma*, diable (cf. Gênes *máuma* „fatto straordinario compiuto a caso"), propr. chat qui miaule (Sic. *mamau*); pr. *roumeco* (raoumeco), espèce de vampire[2] (cf. *roumiau*, miaulement de chat).

c) Interjections (116ᵈ): Mil. *marmao!* (maramao! mamao!), jamais! propr. chat (cf. 51); Parme *maraméo!* peste! Naples *marramao!* (Sic. *marramau!*), jamais! allons donc! esp. *zape!* que Dieu nous en préserve!

127. Applications isolées:

instrument de musique (117): fr. *cornemuse* (XIIIᵉ s.), primitivement chatte qui gronde (Pic. *corner*, ronfler), mot passé en it. et en esp. (*cornamusa*);

monnaie (117): anc. fr. *marmite* („chatte");

thon salé (comparé plaisamment à un chat malade): Gênes *musciamme*, Sic. *musciumà* (muciuma), d'où it. *mosciamá* (mosciame), port. *moxama* (cf. Sic. *musciumao*, languissant, 123).

128. Certains noms du chat, disparus à l'état isolé, ont trouvé un refuge dans les composés, particulièrement dans les composés formés par synonymie. C'est ainsi que le dernier élément du composé provençal *catinello* (86) atteste la valeur primordiale du terme *mello* (21); le composé italien *marmogio* recèle, dans sa finale, le nom hypocoristique *mogio* (24°); l'acception primitive de *musa*, à savoir minette, résulte d'un composé tel que le catal. *gatamusa* (H.-Alpes *chatamusa*, 89). Les composés synonymiques peuvent ainsi fournir, à leur tour, des renseignements destinés à compléter la série des faits déjà connus.

---

[1] Hennicke (*Mireio*, éd. Koschwitz) renvoie *marmau* (et sa variante *marman, barban*) au lat. *barbam*.

[2] Diez rapproche *roumeco* du lat. *ruma*, être dévorant; Honnorat, du pr. *roumec*, arbuste épineux, et Mistral, de *rheumaticam*. Voir la note de Koschwitz aux vers de *Miréio*, III, 299.

Troisième Partie.

Métaphores usées.

129. Un certain nombre de mots d'origine dialectale ont réussi à s'introduire dans la langue littéraire, et très souvent à s'y maintenir, grâce à l'oubli complet du sens originaire. Tout en gardant leur forme patoise, ces mots ont acquis en français des acceptions nouvelles, parfois très éloignées de leur signification primitive. Ce double procès, phonétique et sémantique, a eu comme résultat d'isoler dans la langue ces termes par leur forme du type général et, par leur sens nouveau, de rendre méconnaissable tout rapport entre l'origine dialectale du mot et son évolution littéraire. Les mots qui se présentent dans ces conditions constituent autant de métaphores usées,[1] lesquelles, en opposition aux métaphores proprement dites qui ont gardé le sens primitivement matériel de leur provenance, n'ont conservé que le reflet de la notion primordiale. Ce sont des applications figurées d'un sens exclusivement patois, dont la valeur primitive s'est par suite absolument effacée. Aussi faut-il, pour saisir le développement complet de cette catégorie de mots, envisager les deux moments de leur histoire: leur point de départ dans le parler populaire et leur fortune ultérieure dans la littérature.

Voici un exemple.

Maraud paraît, au XVᵉ siècle, avec le sens de mendiant et de voleur, terme à la fois injurieux et plaisant comme ses synonymes *coquin, gueux*: il appartient en propre aux patois du Centre où il signifie „matou",[2] le chat mâle étant le type du rôdeur et du malin (sens argotique de *maraud*, en pr., espiègle). Le wall. *marou* possède également les deux acceptions, matou et gueux, comme son dérivé *maroufle* (35; Rabel. II, 5: *marroufle*), contemporain de *maraud* en littérature. L'esp. *marrullero*, rusé (port. *marralhero*, à

---

[1] Cf. Montaigne, *Essais*, III, 5: „En nostre commun (= langage), il s'y rencontre des phrases excellentes, et des métaphores, desquelles la beauté flestrit de vieillesse, et la couleur s'est ternie par maniement trop ordinaire; mais cela n'oste rien du goust à ceulx qui ont bon nez, ny ne deroge à la gloire de ces anciens aucteurs qui, comme il est vraysemblable, meirent premierement ces mots en ce lustre."

[2] L'historique du mot exclut le rapprochement proposé avec le lat. *mas, marem* (V. *Zeitschrift*, XXII, 487).

côté de l'emprunt fr. *maroto*), et le sarde *marrusco*, remontent à la même source. Un autre sens dialectal de *maraud*, maladif (cf. Poit. *maraud*, qui engraisse difficilement, et port. dial. *engatado*, 64) pénétra dans les patois de la H.-Italie (Côme *marò*, Berg. *maras*, Gênes *marottu*, malade) et dans l'allemand (*marode*, épuisé), ce dernier durant la guerre de trente ans.

Un des synonymes de *maraud*, à savoir *filou*, accuse une origine pareille: c'est un dérivé de *filer*, ronronner, ensuite voler, à l'instar du parmesan *gnaular*, miauler et voler (110). Dans les patois de la Mayenne et de la Savoie, *filou* a le sens de rusé, malin, enjôleur de filles, sans impliquer la moindre idée de vol, et cette acception première de *filou* coexiste avec celle de „chanson d'amour" (= ronron): Pour vous endormir, la belle, j'ay dit cent fois le *filou* (Anc. Th. fr., IX, 221). *Filou*, de même que *maraud*, a pénétré dans la H.-Italie (Piém. et Côme *filon*); ajoutons que *flouer* (pour *filouer*), escroquer, est également d'origine dialectale (Pic., Norm. *flouer*, voler).

Passons maintenant aux autres métaphores tirées de la vie du chat.

I. Vie physique: Párties du corps.

130. Le chat est l'image même de la propreté, de la grâce, de la gentillesse. Les termes *mignon* et *mignard* (XVᵉ s.), anc. fr. *mignot*, *megnot* et *minnot* (XIIIᵉ s.), *mignault* (XIVᵉ s.) et fr. mod. *minaud* (XVIᵉ s.), sont tirés de *migne* (mine), le nom enfantin du chat (18); et la même métaphore est réfléchie par l'anc. fr. *miste*, gentil (XVᵉ s.), par ex. dans ces vers du *Mistère de Viel Testament* (V, 13 606):

> Elle est encore jeunette,
> *Miste*, gracieuse, necte.

Disparu à la fin du XVIᵉ siècle, *miste* s'est maintenu dans certains patois (Jura *miste*, joli, charmant, pr. *misto*, *mistoulin*, id.).[1]

131. Certaines parties du corps portent le nom du chat, dont la conformation physique à suggéré ces appellations, à savoir:

a) Tête (caboche, crâne), celle du chat est caractérisée par sa rondeur et nul autre animal n'a la tête si belle: esp. *morro*, tête (d'où *morrion*, armure de tête, passé en fr. et en it.), corps rond, et *morra*, crâne (= chatte).

b) Visage (figure, air), la physionomie du chat est tantôt intelligente et friponne, tantôt maussade et furieuse: *mine* (XVᵉ s.), Pic. *mène*, Clairv. *migne*, primitivement visage de chat, appliqué à

---

[1] Ménage et Diez dérivent *mignon* du vha. *minna* (minja), amour; Thurneysen le rapproche du celtique *min*, petit; Hennicke (dans *Miréio*, éd. Koschwitz) fait remonter pr. mod. *mistoulin* à un type *mustellinum*.

l'homme (*se laver la mine*, dans le patois de Genève), sens gardé par les dérivés *minois* (XVᵉ s.), May. *minon*, pr. *mineto*, minois (cf. Mouzon. *faire minette*, faire belle figure); de là, les acceptions de figure, air (avoir une *mine* de chat fâché) et de grimace (*mines* de singe). Le fr. *mine*, chatte et visage de chatte,[1] passa au XVIIIᵉ s. en allemand et, vers la même époque, en breton. Le terme *morgue*, mine surtout hautaine (Norm.: visage, plutôt favorable), emprunté au langued. *morga*, museau (V. ci-dessous), paraît remonter à la même notion (Montbél. *morgou*, matou),[2] qui sert encore à désigner le front (argot *mărlou*, matou et front).

c) Sourcils, très saillants chez le chat: Norm. de Bayeux *catune*, d'où *catuner*, froncer les sourcils, être de mauvaise humeur comme un chat („à Valogne, on dit *catonner*", Duméril), et *catunas*, sournois, hypocrite (Du Bois), Bessin *s'catuner*, froncer les sourcils (cf. pr. *encatuna*, s'irriter, 62), regarder en dessous, et se couvrir, en parlant du temps (Joret). Le terme figure uniquement dans deux passages de la comédie *Le Brave* de Baïf, dont voici le premier (éd. Marty Laveaux, III, 207):

Je vous supply, voyez sa trongne,
Comme pensif il se renfrongne,
Et ses *chatunes* il rabaisse . . .

Chatune, sourcil (auj. dans la Mayenne), répond aux formes normandes *catune* et *catonne*, id., propr. petite chatte. La figure contractée du chat en colère et les sourcils fermés lui donnent une expression terrible qui frappe l'observateur; cette attitude caractéristique a fourni, outre le terme normand, le rouergat *merro*, regard oblique et menaçant (propr. chatte, 19ᵃ).

d) Bouche (surtout d'enfant ou de femme), comparée à la jolie bouche rose du minet: Norm. *margoulette*, May. *margouline*, propr. (museau de) petite chatte (cf. *margou*, matou); le même terme des patois du Nord désigne encore la mâchoire et le menton. Le museau du chat est luisant, poli, et sa forme arrondie le distingue de celui de tous les carnassiers; c'est pourquoi cet organe porte parfois le nom du chat: pr. *mougno*, *mouno*, chatte et museau (d'où *mougnoná*, bougonner, Pic. *mougnonner*, se dit du chat qui se frotte le museau contre qn. en ronronnant de plaisir); Naples *mugno*, museau et Sic. *mugna*, bouderie; pr. *mourre*, museau et visage renfrogné (terme introduit par Rabelais), Suisse et Sav. *mor*, *moro*, id., en rapport avec *moro*, chat (19ᶜ), esp. *morró*, lippe (= museau), à côté de *morro*, matou. Peut-être le bas-lat. *musus* „rostrum, rictus" est-il lui-même apparenté à *musius*, chat (24ᶜ), s'appliquant probablement d'abord à cet animal et passant ensuite

[1] La Fontaine, en parlant de Louis XI (*Oeuvres*, IX, 239, éd. des Gr. Ecrivains): Je lui trouvai la *mine* d'un matois; et Benserade, du chat (Ib. I, 257): Puis il s'enfarina pour déguiser sa *mine* . . .
[2] Horning (*Zeitschrift*, XXI, 457 et XXVIII, 605) pose, pour *morgue*, un type *morica* (de *morem*).

au museau du chien, du loup, etc. Le diminutif *musio*, à l'instar de son contemporain *aucio* (oison), suppose un primitif *musus, musa*, chat, chatte, qu'on rencontre effectivement en roman (cf. 24°). On trouve, à côté de l'it. *muso* et du fr. *museau* (XIIIᵉ siècle), une forme féminine contemporaine *musa*, bouche, et *muse*, museau (dim. *musequin*, XVᵉ siècle, et St.-Pol *musette*), *amuser*, tenir le museau tourné et fiché à quelque chose (Nicot), it. *ammusarsi*, mettre le museau l'un contre l'autre, se donner du museau comme font plusieurs bêtes (Duez); ensuite, des variantes telles que: wall., Pic., Norm. *mouse* (d'où *mouser*, bouder, et Suisse *mousette*, Hague *bousette*, fillette, litt. petit museau, Sav. *mouson*, enfant à la mine fûtée), pr. *mouso*, d'où *mousiga* (bousiga), fouger (*mousigadou* et *bousigadou*, boutoir); Pic. *mousse*, lèvres (cf. esp. *mozalbillo*, blanc-bec), et bouche d'un chien (Lacombe), May. *musse*, id., d'où *aumusser*, flairer (du chien); pr. *musso*, museau, Naples *musso*, lèvre (*ammussare*, bouder), et Abr. *musse*, museau (Sicile *musso*, chat, 24°).

e) Nuque (65): Morv. *chacignon*, le derrière du cou, propr. chignon de chat; esp. *gatillo* (65).

f) Doigt, et principalement le petit doigt (= petit chat): Béarn (dit) *minin* (menin), esp. *meñique*; it. *mignolo* (mignoro, bignoro), Gombitelli *muninin*, propr. minet.[1]

g) Moëlle, substance douce au toucher comme la robe d'une chatte (cf. Clairv. *niche*, rate, propr. mou, doucereux): Sav. *megnolla* ("minette"; cf. Gasc. *meuco*) et Naples *catamella* (= chatte-minette; cf. Venise *catamellon*, 80).

h) Sein (cf. fr. pop. *minet*, teton): Sic. *minna*, Naples [2] *menna* (= minette); anc. fr. *cateron*,[3] bout de la mamelle, propr. petite chatte (Palsgr. *chettron*, minet), terme qui survit dans le Pic. *catron*, l'un des quatre pis d'une vache (Poit. *chet*, pis d'une vache). Le mot *cateron* paraît une seule fois dans *Aucassin et Nicolette* (XIV, 20): „Fenme ne puet tant amer l'oume, con li hom fait la fenme; car li amor de la fenme est en son l'œul et en son le *cateron*[3] de sa mamele et en son l'orteil del pié, mais li amor de l'oume est ens el cuer plantee, dont ele ne puet iscir." Il représente la plus ancienne métaphore qu'on ait tirée de la notion chat.

----

[1] Depuis Ménage, ou dérive it. *mignolo* d'un type latin *minimulus*. Voir aussi Zauner, p. 117.

[2] D'Ovidio (dans le *Grundrifs* de Gröber, I, 503) rapproche le terme napolitain du lat. *mina*, sein sans lait (Festus).

[3] C'est la leçon qui figure dans les deux premières éditions de Suchier; depuis, le savant éditeur, admettant trop bénévolement une conjecture suggérée par H. Andersen, remplaça *cateron* par *teteron*. Les objections formulées dans la *Romania* (VIII, 293) contre la première interprétation de Suchier (éd. 1878 et 1881: *cateron*, Kätzchen, Brustwarze), tombent devant les exemples, formels et sémantiques, rapportés ci-dessus.

II. Vie morale: Hypocrisie, flatterie.

132. Le chat, cet animal „doux, bénin et gracieux", a fourni
à la langue l'image de l'hypocrisie;[1] aux nombreux exemples déjà
cités (63, 74, 80, 110, 123), ajoutons celui de *sainte Nitouche*. Ce
terme se présente, dès le XVIe siècle, sous la double forme *Mitouche*
et *Nitouche* (les deux dans Cotgrave); la forme primitive est certainement la première et la seconde est une interprétation populaire:
une sainte qui n'y touche pas (phonétiquement, la transition de
mitouche à *nitouche* est normale, l'inverse est sans exemple). La
plupart des patois (wall., norm., bourg., poit.) ont gardé la forme
mitouche (le pr. *mitoucho* et le Piém. *mitoccia*, Nice *catamitocha*, en
sont des emprunts) qu'on rencontre dans l'*Ovide bouffon* (1662),
p. 463:

> Elle fit la sainte *Mitouche*,
> N'osant le baiser à la bouche.

D'un autre côté, *nitouche* se présente toujours dans la littérature en
un seul mot (Rabel. I, 107: Saincte *Nytouche*). Ces faits permettent
de remonter à l'origine: *mitouche*[2] est le féminin de *mitou*, matou,
et *sainte Nitouche*, c'est la sainte chatte (pr. *tatan mineto* „tante
chatte"), la dévote par excellence, l'hypocrisie personnifiée.

133. Le chat aime à flatter et surtout à être flatté; c'est ce
qu'exprime d'abord *amadouer* (Régnier, *Sat.* VIII, 35: Je devins
aussi fier qu'un chat *amadoué*), c.-à-d. passer doucement la main
sur le dos d'un chat pour le rendre plus doux[3], le frotter doucement pour l'apprivoiser. Le terme qui remonte au XVIe s.,[4] a été
pris aux patois du Nord: wall. *amadouler* (madouler), *amidouler*
(midouler), à côté du Pic. *amitouler*. Ces verbes sont des dérivés
de *matou* ou *mitou*, chat mâle, et l'échange des dentales s'explique
par l'origine enfantine du mot (cf. 17 et May. *amitonner*, *amidonner*,
caresser, For. *abiata*, Lim. *abiada*, à côté du Lyon. *amiato* et Céven.
amiada, amadouer); sous le rapport du sens, *amadouer* répond au
May. *amiauler*, Norm. *amiouler* (109), adoucir par des caresses, propr.
flatter en miaulant (cf. Frib. *faire gna à un chat*, le caresser en lui
passant la main sur le dos, et Suisse allem. *dem Busseli miau
machen*, id.). Le sens premier de *amadouer* est donc flatter ou

---

[1] Appliqué aux moines, il a formé le terme burlesque *chāmoine*. Cf.
Garasse (ap. Lacurne): „Du Moulin tourne nos mots latins en termes français
très impertinents et ridicules, comme quand il traduit *doctores canonici*, les
docteurs chanoines, et de là les docteurs *chamoines*."

[2] Cette forme se trouve confirmée par *Minouche*, nom de chatte (dans
La Joie de vivre de Zola): c'est le féminin de *minou*, nom dial. du matou.

[3] Joubert, *Dictionnaire français et latin*, 1718, s. v. *amadouer*: Manu
felem permulcere; cf. aussi Leroux, *Dict. comique*, amadouer.

[4] On le rencontre d'abord dans Rabelais (prologue du IIIe livre) avec
le sens matériel de toucher, frotter (à côté de *mitonner*).

caresser un matou,[1] ensuite caresser une personne et l'enjôler par de belles paroles (Nicot: adoucir le cœur d'un qui ha reveshe) et cette valeur morale du mot se trouve déjà dans Calvin (*Inst. chrét.*, 317: ... nous faire crouppir en nos ordures en *amadouant* notre paresse).

Le sens matériel est encore inhérent au dérivé *amadou*, qui a été d'abord un terme d'argot avant de faire son apparition en littérature. Tandis que le Dictionnaire de l'Académie ne l'enregistre qu'en 1740, on le rencontre dans un recueil argotique de la fin du XVIᵉ siècle,[2] où il désigne la substance spongieuse dont se frottaient les malfaiteurs pour jaunir leur teint, avoir l'air malade et apitoyer ainsi les personnes charitables. C'est précisément le sens de *amadou*, champignon, dont plusieurs espèces ont les tiges et les feuilles couvertes de poils longs, épais et soyeux, semblables à ceux du chat;[3] et l'acception secondaire de mèche ou tissu inflammable fait avec les poils de ce champignon, se rapporte également à une particularité physiologique du chat, à sa fourrure électrique.[4]

III. Vie psychique: Gaieté, mélancolie.

134. Le chat est, suivant l'âge, l'animal le plus joyeux ou le plus maussade, et sa profonde tristesse confine souvent à la folie. Il importe d'examiner ces divers états d'âme, qui ont laissé des traces curieuses dans les langues romanes.

Les jeunes chats aiment passionément les jeux, les distractions. A peine leurs yeux ouverts, ils jouent continuellement avec la queue de leur mère et avec la leur propre, dès que celle-ci est assez longue pour leur permettre de la saisir avec leurs pattes (V. 12). C'est probablement à cette particularité psychique du chat que remontent les termes français *muser*, perdre le temps (XIIIᵉ s.) et *amuser*, s'occuper des riens (*bailler la muse*, amuser), propr. jouer comme des chats (Morv. *abujer*, Béarn *abusà*): *muse* est un nom hypocoristique de la chatte, à l'instar du bas-lat. *musio* (cf. allem. *Buse*, minet), encore gardé avec ce sens par certains composés synonymiques (128). Le sens de „réfléchir" que possède encore

---

[1] Tobler (*Zeitschrift*, X, 576), partant de la variante *amidouler*, y voit une dérivation de *ami doux*, à l'instar de *coucouler* (de *coucou*); Nigra (*Romania*, XXVI, 560) tente un rapprochement entre *amadou* et *amygdalum*.

[2] Ol. Chéreau, *Le jargon ou langage de l'argot réformé*, 2ᵉ éd. 1617: „Les cagoux enseignent aux apprentifs à aquiger (prendre) de l'*amadou* de plusieurs sortes, l'une avec de l'herbe qu'on nomme esclaire, pour servir aux franc-mitoux."

[3] La forme dial. (Sav., Genève) *la madou*, pour l'*amadou*, résulte de la fusion du mot avec l'article (cf. *la midon* = l'*amidon*), ce qui a entraîné le changement du genre (Saintonge: de la bonne *amadoue*).

[4] Buffon: „Comme les chats sont propres et que leur robe est toujours sèche et lustrée, leur poil s'électrise aisément, et l'on en voit sortir des étincelles dans l'obscurité lorsqu'on le frotte avec la main."

muser,[1] pourrait se rapporter à l'attitude silencieuse du chat, à son immobilité méditative.

135. Tandis que le jeune chat est l'image de la gaîté entraînante, le matou devient en vieillissant le type du mélancolique, et dans l'argot des terrassiers de la Tarentaise (Savoie), il porte le nom de *grin*, le triste, à l'instar de l'angl. *grimalkin*, vieux chat, dim. de l'anc. fr. *grimauld*, renfrogné (May. *grimaud*, grognon). Sa physionomie exprime alors presque toujours une gravité morose, et le proverbe „Qui ne rit point a nature de chat", en résume l'impression générale. Cet état de choses a laissé une empreinte dans le fr. *chagrin*, de mauvaise humeur (= chat triste), d'abord adjectif, datant de la fin de XIVᵉ siècle (Jean Petit, *Livre du champ d'or*, 1389, v. 1197):

> Et sa noble teste largesce
> Degaste *chagrine* paresce.[2]

La finale du mot est l'anc. fr. *grin*, triste (Borel a *chagrain*), abstrait de *graigner*, attrister (Pas-de-Cal. *grin*, grimace, *grigner*, grimacer, et *grignon*, qui se dit des chats en chaleur); Parme *morgnon* (Monfer. *murgnun*), air renfrogné, proprem. chat mâle (29ᵇ). L'anc. fr. disait encore *en rechignechat* (ou en tristesse de cœur), à l'instar de l'allem. *Katzenangst*, grande angoisse, tandis que le composé moderne *Katzenjammer* désigne le malaise qui suit un excès de boisson (cf. encore maussade, 87).

Cette origine vulgaire[3] du mot explique, d'un côté, les variantes patoises: Yonn. *chagreigne*, chagrin (Brantôme dit encore *chagrigneux* pour *chagrin*); Béarn *chegren*, pr. *segren*, sombre pressentiment, tristesse (*Miréio*, éd. Koschwitz, IX, 283: Dòu paire et de la maire a gounfla lou *segren*), d'où it. *segrenna*, femme maigre, propr. chatte sombre (Allegri: Fingon la fama svolazzante ... e l' avarizia una *segrenna*). Et d'autre part, les acceptions secondaires telles que: anc. fr. *chagrin*, humeur capricieuse et jalouse des époux (Lacurne; cf. Furetière: querelle, brouillerie entre mari et femme, entre amants); wall. *chagrein*, bigot (= sombre), et Norm. *se chagriner*, s'assombrir (du temps); Metz *chagregnon*, difficile à nourrir, délicat (litt. chat grognon). Ajoutons que le mot français pénétra en piémontais (*sagrin* et *sagrinese*) et en génois (*sagrinase*, se consumer).

136. Le chat vit seul; son inquiétude et sa mauvaise humeur le forcent à des grimaces affreuses (Granville a compté 75 expressions différentes); il a des crises nerveuses, des troubles mentaux;

---

[1] Du français, *muser* passa en italien (*musare*, rester immobile à regarder, ne rien faire); sur *ammusarsi*, V. 131ᵈ.

[2] Cité par Delboulle, dans la *Revue d'histoire littéraire*, VI, 301.

[3] Ménage avait proposé, en passant, *chagris*, vieux chat qui gronde en lui-même, mais il ajoute: „L'origine du mot *chagrin* m'est tout à fait inconnue." On y voit généralement une application métaphorique de *chagrin*, peau, mais ce dernier est de trois siècles postérieur à *chagrin*, peine (V. 143).

c'est le plus nerveux des êtres. Le cerveau du chat, petit et de forme triangulaire, rendait fou, croyait-on, ceux qui le mangeaient ou causait de continuels vertiges[1]; de là, it. *aver mangiato il cervel di gatto*, c'est être fou (Ruini, *Cav.* II, 14: E detto *cervel di gatto*, cio è capo matto e pazzo, imperocchè il cervello del gatto, mangiato che si sia, ammalia di tal sorte gli uomini, che diventano vertiginosi, pazzi ed insensati). Paracelse et Ambroise Paré partagent encore cette opinion.

IV. Superstitions.

137. Le chat voit la nuit comme le jour, sa démarche est majestueuse, sa physionomie grave et silencieuse; tout contribue à en faire un être mystérieux: son corps phosphorescent, ses yeux étincelants et sa queue écourtée lui donne l'apparence d'un animal diabolique. Le démon et les sorciers prennent souvent, dans les croyances populaires, la forme d'un gros chat, surtout d'un chat noir. „Les chiens sont du bon Dieu et les chats sont du diable", dit un proverbe provençal (V. aussi 35). Ducange (s. v. *catta*) cite un passage de la vie de saint Dunstan (XIIe s.), où l'on parle du démon sortant du corps d'un possédé sous la figure d'une chatte; à saint-Pol, *co* („chat") est un esprit follet apparaissant sous la forme d'un gros chat blanc (appelé encore *herminette*); dans les poèmes français du XIIe et du XIIIe siècle, on parle des combats d'Arthur avec un monstre marin, *capalu* (chapalu), c'est-à-dire chat des marais ou chat sauvage.[2]

138. Le chat est surtout l'incarnation du sorcier et, dans les feux de la Saint-Jean à Paris, l'autodafé des chats était considéré comme un supplice infligé aux sorciers; de là: *matou*, sorcier sous forme de matou (Furetière), Berr. *macaud, maraud*,[3] *marcou*[4] et *marlou*, matou et sorcier, May. *randou*, id.[5]; pr. *malagot*, chat sorcier enrichissant ceux qui prennent soin de lui (cf. Yonn. *marlou*, vieux

---

[1] Et pourtant, „le chat ne connaît pas le vertige" (Brehm, I, 291).

[2] V. *Romania*, XXIX, 121 s. (à propos du travail de Freymond sur cet épisode, dans les *Beiträge zur romanischen Philologie, Festgabe für Gröber*, Halle, 1899, p. 311—396). C'est à ce combat que fait allusion le vers suivant de P. Cardinal (ap. Raynouard): *Venra 'N Artus, sel qu'emportet lo catz* „Viendra le seigneur Artus, celui qui emporte le chat." L'anc. fr. *chapalu* répond exactement à l'esp. *gato paul*, espèce de singe (70e), et l'allem. *Meerkatze*, bas-allem. *merkatte*, signifie à la fois singe et monstre marin.

[3] Jaubert: On prétend que le jour de mardi gras, les *macauds* ou *marauds* vont faire bombance avec le diable.

[4] Id.: *Marcou*, le septième garçon d'une mère, sans fille interposée... le *marcou* passe pour sorcier. Cf. Vendôme: le *marcou* guérit les écrouelles par attouchement (= Lille: *mal de saint Marcou*, écrouelles).

[5] Dottin: Les *randous* („matous") âgés d'au moins sept ans allaient au sabbat; toutes les fois qu'avait lieu le sabbat, un *randou* était tué; ces *randous* parlaient la langue de l'homme; on cite celui qui dit à son maître: *l'gars R'ndó est mort*, Renaud était le chat du voisin (cf. 32).

richard, et Béarn *gatine*, petite chatte[1] et trésor mystérieux). Le soir du mardi gras, les chats-sorciers allaient faire le sabbat à un certain endroit: Suisse *chatta* (chetta), assemblée nocturne des sorciers présidée par le grand bouc (Bridel), et Vaud *chète* („chatte"), réunion d'esprits se promenant dans les airs (Littré, *Suppl.*).

La chasse sauvage, ou *chasse Arthur*, porte dans le Maine (V. Montesson) les noms de *chasse-mâlé* et de *chasse-marre* (chasse-mâre), c.-à-d. chasse-matou, *malou* et *marro* (maro) étant les noms patois du chat mâle (19): „La *chasse Arthur* était causée par les chats mâles qui faisaient ce bruit de chasse en allant la nuit au sabbat" (Dottin). Le terme se trouve déjà dans Coquillart:

> Elle chasse les loup-garrous
> Et les *chassemares*[2] de nuyt . . .

Il est donc contemporain de *cauchemar* (XVᵉ s.: *quauquemare* et *cauquemarre*, Nicot: *cauchemare* et *chaucemare*), dont le terme final paraît remonter à la même notion de chat-sorcier (cf. plus haut *maraud*). On prétend, en effet, que le chat aime à se coucher sur le ventre des petits enfants et sur le lit des vieilles femmes pendant leur sommeil,[3] et le wall. *marc*, cauchemar (Liège *chotte-marque = chauquemarc*), à côté de *mar*, vient appuyer cette interprétation (cf. plus haut *marcou*). Le composé *cauchemar* signifierait donc le chat (*mar*) qui foule (*cauche*) le dormeur, de même que le Sic. *mazzàmarro* (mazzamareddu), cauchemar, et Napl. *mazza-mauriello*, lutin, est le chat (démon ou sorcier) qui assomme (cf. sarde *battu marruda*, croque-mitaine, propr. chat qui gronde). Du reste, la date moderne de tous ces mots (l'anc. fr. disait *apesart* comme l'esp. *pesadilla*) exclut une dérivation du germanique, qui ignore la forme parallèle *marc*.

139. Le bruit confus du sabbat a son point de départ dans les concerts amoureux des chats, lorsqu'ils font un vacarme infernal.[4]

---

[1] Lespy: „*Qu'ha la gatine*, il a la petite chatte, il est riche et on ne sait d'où il lui est venu l'argent; dans l'esprit populaire, une idée de sorcellerie était attachée à la possession de la *gatine*." Ailleurs, on attribue au chat noir l'origine d'une fortune subite (Roll., IV, 117).

[2] Cette leçon figure dans l'édition de Jean Bonfons (de 1597?) et dans Borel; les autres éditions ont *chasse-marée*, ce qui ne convient ni à la versification ni au contexte. Voir *Les Œuvres de Coquillart*, Reims, 1847, vol. II, p. 78, et l'édition donné par Ch. d'Héricault, Paris, 1857, vol. I, p. 104.

[3] Suivant l'*Evangile des Quenouilles* (X, 10), „la *cauquemare* est une chose velue d'assez doux poil" (serait-ce la chatte?). Dans Rabelais (IV, prol. et 64), *cauquemare* a le sens de monstre aquatique („un *cauquemare* d'Euphrates"), et répond à peu près à l'anc. fr. *capalu* (137). Aujourd'hui, *cauquemar* signifie épouvantail, en Saône-et-Loire (A.).

[4] Cf. Brehm, I, 293: „A certaines époques de l'année, les chats donnent de vrais concerts. Un certain nombre de chattes se réunissent autour d'un matou: assis au milieu d'elles, celui-ci fait entendre sa voix basse, les chattes chantent le ténor, l'alto et le soprano. On entend tous les sons possibles . . . ils font souvent un vacarme infernal."

Ce concert est désigné, en Provence et en H.-Italie, par *ramadan* (rabadan, ramatan, roúmadan), qui exprime les miaulements[1] des chats en rut (pr. *ramiala, remièuta, roumièuta*), et en français, par *charivari*, anc. *chalivali* (calivali), qui remonte au XIVe siècle. Ce mot véritablement protéïforme subit de bonne heure divers changements dûs tantôt à la dissimilation (*chalivari* ou *charivali*) et tantôt à l'assimilation de ses dentales (*charivari*, seule forme littéraire, qui paraît déjà dans Froissart); outre ces aspects, le mot en revêt une cinquantaine d'autres, dûs au jeu des mêmes consonnes.[2] Le sens primitif de *calivali*, qui répond exactement à l'angl. *caterwaul*, est musique de chats,[3] et spécialement concert bruyant et ridicule qu'on faisait la nuit devant les maisons des veuves nouvellement remariées[4]: „Les femmes et les enfants courroient par les villes a bacins et a sonnettes si come l'en fet orendroit aux *chalivaliz*" (Bercheure, ap. Littré). Dans ces cérémonies burlesques, le chat jouait un certain rôle: „On attachait des chats sous les fenêtres des veuves remariées",[5] et „dans un charivari fait à l'occasion d'un mari qui se laisse battre par sa femme, on se passe un chat de main en main en le maltraitant tant et plus; c'est ce qu'on appelle *faire le chat*".[6] Faire le chat, c'est-à-dire contrefaire les cris des chats torturés, c'était faire un charivari, un tapage infernal; de là, aussi, grimaces de coquetterie, mines affectées, que le mot a dans Coquillart (I, 7: Regards, œillades, petis *charivaris* . . .). La formule *caribari-caribara!* que crient les enfants, en Picardie, en donnant un charivari (Corblet), est restée dans le jeu de cache-cache (*taribari* est le nom morvandeau du colin-maillard); sa variante *carimari-carimara!* (charivari, dans Cotgr.; cf. Bess. *carimalo*, id.) faisait jadis partie de tout exorcisme, comme l'atteste déjà la farce de Pathelin:

> Ostez ces gens noirs! . . . *Marimara!*[7]
> *Carimari-carimara!*

Il est donc permis de conclure que *calivali*, de même que ses variantes *charivari* ou *carimari*, exprimait d'abord les cris plaintifs

---

[1] Mistral et Hennicke identifient *ramadan*, musique des chats, avec l'arabe *ramadan*, carème des mahométans.

[2] Voir Ducange, Godefroy et Mistral. Les formes bas-latines sont de simples transcriptions du fr., p. ex. *caravallium*, c'est *caravali* (d'où l'allem. mod. *Krawall*); le Lyon. *charabarat*, marché de chevaux et maquignonnage, n'est que le langued. *charabari*, charivari.

[3] Le rapport entre *carivali* et *caterwaul* répond exactement à celui du Norm. *carpeleure* et de l'angl. *caterpillar* (70^b).

[4] Cf. Yonne *billade*, aubade donnée à un jeune marié étranger à la commune (propr. miaulement, de *biller* = *miller*, crier, 107).

[5] Edelestand Du Méril (cité par Percheron, *Le chat*, p. 52).

[6] Rolland, *Faune*, IV, 115.

[7] Ce terme répond à *carimara* (dial. *mar*, matou), composé analogue au Sic. *marramau*, chat (29^b). Un commentateur récent de *Pathelin*, M. Chevaldin (*Les jargons de la farce de Pathelin*, 1903, p. 454) voit dans *marimara*, une divinité belliqueuse ou brillante, et dans *carimari-carimara*, le spécimen raccourci d'une véritable incantation.

du chat, cris d'amour ou de détresse, dont on ridiculisait les personnes qui se remariaient, ou, comme terme de grimoire, pour caractériser le bruit du sabbat.[1]

140. Ce même bruit confus a servi parfois à désigner un discours décousu, un langage inintelligible (cf. bavard, 87): le pr. *charabiat* (sarabiat), qui désigne spécialement le patois auvergnat, et source du fr. *charabia*, baragouin (terme récent venu par l'intermédiaire du berrichon), signifie simplement grondement de chat (cf. pr. *rabin*, grondeur, et *ramiá*, gronder), à l'instar de *rabadan* ou *ramadan*, déjà mentionné.[2]

141. Les chats ont eu leur martyrologe; il suffit de mentionner les autodafés de chats qui accompagnaient les feux de la Saint-Jean, à Paris, à Metz (jusqu'à la fin du XVIIIe s.) et en Picardie, où ce divertissement se pratiquait encore au XIXe siècle. Cette cruelle distraction paraît avoir laissé des traces dans la langue (V. *calibaude*, 98). Plusieurs noms de jeux font allusion à des supplices infligés aux chats: tel, l'esp. *correr gatos* (on courait à cheval sur un chat pendu par les pieds, en lui donnant des coups de poing sans être égratigné); tel, le pr. *estranglo-cat*, jeu usité dans les fêtes de village (deux champions enlacés au cou par la même corde, tirent en sens inverse à qui mieux mieux), et *lou jo dòu cat*, jeu de la Fête-Dieu, à Aix (on jetait un chat en l'air et on le rattrapait dans sa chute).

V. Applications techniques.

142. Le nom de la pierre précieuse *camaïeu*, attesté dès 1295, se présente sous de nombreuses variantes (Lacurne en comptait plus de vingt), telles que *camaheu* (1313), *camahieu* (1389), *chamahieu*,[3] et *gamahu* (1354), *gamahieu* (1534), sans parler des formes bas-latines (p. ex. 1295, *camahutus*) qui ne font que reproduire des variantes anc. fr. (c'était déjà l'opinion de Diez). Les autres formes romanes sont toutes postérieures: it. *cammeo* et *camoino* (Vén. *camajin*) datent du XVIe siècle; esp. *camafeo* (= anc. fr. *camaheu*) est relativement moderne. Toutes ces variantes représentent un seul et même nom hypocoristique du chat, ayant pour type

[1] Le mot a d'abord été envisagé comme une onomatopée (De Guez, dans Palsgrave); Diez a tenté de rapprocher l'élément final de *charivari*, de *hourvari* (mais la finale est primitivement *vali*, qui rappelle le synonyme anc. fr. *harvale*), en proposant pour le premier le lat. *calix*, verre (= bruit de verres); on est allé jusqu'à dériver le mot de l'hébreu: tantôt du terme *schebarim*, trompette synagogale (V. le *Trésor* de Mistral), et tantôt de la locution biblique *chôr vakhamôr*, bœuf et âne (V. le *Grundrifs* de Gröber, I, 664).

[2] La date récente du mot et son usage local excluent la dérivation de l'esp. *algarabia*, proposée par Devic (Littré, *Suppl.*).

[3] Palsgrave traduit le mot par l'anglais *camuse*, pierre précieuse (le terme manque dans Murray), et son pendant italien *camussati*, sorte d'ouvrage aux bagues d'or (Duez), manque dans Tommaseo.

camaïeu et répondant au pr. *catomaio*, chat qui miaule. Ce sens primordial perce encore dans l'anc. locution fr. *en gamahu* (Vie des Pères, ap. Godefroy: ... Bien suis assis *en gamahuz*), qui veut dire accroupi comme un chat,[1] ainsi que dans le terme argotique *gama-hucher* (= *faire minette*, 116ᵃ), qui a, en rouchi, le sens de prendre un baiser à la manière des pigeons. La pierre précieuse porte ce nom de „chat", à cause de ses couches de diverses couleurs, de même que *œil de chat* sert à désigner une espèce d'agate, et que *chatoyer* exprime le reflet ondoyant de ces mêmes pierres. Le lapidaire auquel ou est redevable de ce terme a été certainement un homme du peuple qui a puisé dans le langage vulgaire et familier, en suivant d'ailleurs un procédé habituel à la nomenclature technique.[2]

L'it. *gammaute*, bistouri, n'est que la forme littéraire (cf. ci-dessus *camahutus*) du même terme enfantin *gammau* (= gattomiau), chat (cf. ci-dessus *gamahu*); l'angl. *catling*, signifiant à la fois minet et scalpel, en confirme l'image (cf. esp. *gatillo*, davier, 59ᵇ): la forme courbée de cette lancette rappelle la griffe du chat.

143. Une origine également indigène et vulgaire doit être attribué au fr. *chagrin*, cuir grenu, qu'on écrivait *chagrain* au XVIIᵉ et au XVIIIᵉ siècle.[3] Le mot signifie propr. „chat grenu" (anc. fr. *graineux*, grenu; cf. de même, *chagrin*, triste, pour *chagrineux*, 135), étant la peau rugueuse de la roussette[4] ou chat de mer (59ᵈ). Du français, le mot passa dans la H.-Italie (Venise *sagrin*, Parme *sagren*, et *sigrino*,[5] *zigrino*), où il prit place à côté de l'osmanli *sagrì*, qui désigne, non le chagrin proprement dit, mais son imitation artificielle avec des peaux de croupes (*sagri* ayant ce sens spécial) de chevaux, ânes et mulets. Du reste, on rencontre le terme oriental déjà en moyen-haut-allemand (sous la forme *zager*), tandis que *chagrin* est une forme moderne et purement française.

VI. Ironie populaire.

144. La malice du peuple a laissé son empreinte sur les diverses appellations de la soldatesque, dont la plus ancienne,

---

[1] Schultz-Gorra (*Zeitschrift*, XXVI, 720) confond ce *gamahuz* (rime: *nuz*) avec un *gamahauz* (G. de Coinci) et *gamauz* (rime: *faus*), qu'il dérive des notes *gama-ut*. En fait, le premier terme diffère du second par la forme et par le sens.

[2] On a fait venir le mot de l'hébreu, du grec, du latin (Voir Ménage, Scheler, Koerting); cf. Diez, I, 103: „L'interprétation de *cammeo* est un des problèmes les plus ardus de l'étymologie romane."

[3] L'orthographe moderne a été influencée par son homonyme (*chagrin*, peine), attesté trois siècles avant (135).

[4] Borel: „*Chagrain*, chagrin, ce mot vient de *chat* et de *grain*, c.-a.-d. du chat marin, duquel on appelle la peau du *chagrin*, parce qu'elle est toute couverte comme de petits grains, mais rudes, en sorte qu'on en peut polir le bois." En frioulan, *segrin* est le nom même de la roussette dont on prépare le cuir de chagrin.

[5] Cette variante répond a la forme parallèle française *chegrin* (Oudin).

carabin, soldat à cheval, remonte au XVIe siècle. Le terme signifie propr. chat grondeur et vient du Midi (pr. *carabin,* maussade, et *rabin,* grognon), où il fut donné d'abord aux infirmiers (cf. *carabin,* étudiant en médecine) et aux croque-morts [1] des pestiférés (*escarrabin* dans les actes de Montélimar de 1543), avant de désigner les soldats de cavalerie légère qu'on employait pour les reconnaissances.

Le fr. *maraude* qui, à l'instar de *carabin,* a eu la fortune de pénétrer dans la terminologie militaire européenne, accuse une origine également humble et populaire. Aller *en maraude,* se dit du matou (= maraud) qui rôde la nuit dans les campagnes en guettant les lièvres et les lapins; le terme fut appliqué, par analogie, aux soldats qui pillaient en marche. Les dérivés *marauder* et *maraudeur,* qui datent, comme *maraude,* de la fin du XVIIe siècle,[2] passèrent en allemand pendant la guerre de trente ans, et en espagnol (*merodear,* par l'intermédiaire d'une forme vendéenne *mérauder,* cf. *méraude,* 116). Des synonymes tels que le berrichon *matouin,* maraudeur (de *matou*), et le fr. récent *chaparder* (de *chat-pard,* 70d), marauder, confirment cette origine vulgaire à laquelle remonte également anc. fr. *argoulet,* archer à cheval (1548), qui répond au wall. *argoulet* (et *margoulet,* qui est le primitif), homme de rien, vagabond qui rôde et court les chemins (de *margou,* matou).

145. Le verbe *chamailler,* originaire des patois du Nord (wall., Norm.), signifie proprement se battre ou se frapper (sens de l'anc. fr. *mailler*) à la façon des chats [3] qui s'attaquent à bec et à griffes. En passant dans la langue littéraire, il acquit l'acception de „frapper à coup d'espec, de hasche ou autre chose de fer, sur un harnois ou autre fer rude" (Nicot), et ce sens se rencontre dès son apparition au XIVe siècle (Guiart, *Royaux lignages,* v. 6812):

> Devant li rois ou l'en *châmaille*
> Est li Barrois en la bataille
> Qui Alemanz desatropele.[4]

L'acception moderne „se quereller bruyamment" et celle de certains patois (Norm. *camailler,* se culbuter en jouant, Bess. faire du bruit, Bas-Berr. *chamaille,* sorte de danse ou bourrée) témoignent encore de la valeur originaire du mot, confirmée d'ailleurs par le synonyme pr. *chamatá* (d'où *chamatan, samatado,* vacarme). Ajoutons l'allem. *katzbalgen,* se chamailler (Frisch: rixari, se lacerari more felium; Stieler: verbis contendere).

---

[1] Cf. port. *gato pingado,* croque-mort (,,chat barbouillé de graisse").
[2] Pourtant, ce sens perce déjà dans Rabelais (I, 36): ,,Les ennemis n'estoient que *maraulx,* pilleurs et brigans, ignorans de toute discipline militaire."
[3] Darmesteter supposait, pour *chamailler,* un type *clamaculare* (cf. *Dictionnaire Général,* Introd., p. 133).
[4] Cité par Delboulle, dans la *Revue d'histoire littéraire,* VI, 301.

En jetant un coup d'œil sur l'ensemble de ces applications métaphoriques, on ne peut s'empêcher d'admirer le développement auquel ont abouti des origines si modestes. Non seulement le nom proprement dit de l'animal a été fécondé dans tous les sens, mais encore à côté de cette souche ancienne, et parallèlement à elle, il a poussé toute une végétation nouvelle non moins exubérante dûe aux noms hypocoristiques du même animal. Cette nomenclature n'a pas jusqu'ici attiré l'attention qu'elle mérite, cependant elle est appelée à éclairer d'un jour nouveau plus d'un coin obscur de l'étymologie romane.

Nous avons tâché d'illustrer par un exemple ce contingent original que nos études ultérieures mettront encore plus en évidence. Cet élément créateur, qui est venu s'ajouter à l'héritage latin et aux emprunts étrangers, complète la série des facteurs qui ont successivement enrichi le trésor des langues romanes.

Appendice.

Certains animaux de second ordre en rapports plus ou moins intimes avec le chat, auquel ils ont emprunté une partie de leur nomenclature, possèdent un développement sémantique qui mérite d'être étudié à part. Ce sont la fouine, le singe et les strigiens.

A. La Fouine.

1. Les Romains confondaient, sous le nom de *mustela*, la belette, le putois, le furet et la fouine, espèces qui se ressemblent beaucoup entre elles. Encore aujourd'hui, le pr. *moustelo* et le Sav. *beleïta* signifient à la fois belette et fouine, à l'instar du manchois *margotin*; ailleurs, c'est le putois qui fournit son nom à la fouine: Hain. *fichau* (anc. fr. *fissel*, chat sauvage et putois); Béarn *fisséu*, et Côte-d'Or *pitô* (Basses-Pyr. *pitocha*). La fouine est conçue tantôt comme domestique (esp. *garduña*[1] = allem. *Hausmarder*), et tantôt comme sauvage (pr. *feruno*, réto-r. *fierna*). Le port. *papalva*, fouine, fait allusion au caractère dévorant de la bête (cf. *papar*, avaler); le Basses-Pyr. *caousette*, fouine A., et l'esp. dial. (montañes) *ramila*, id. (Mugica, 35), sont obscurs.

2. Le nom le plus répandu de ce félin se rapporte à deux autres particularités: la fouine se plaît dans les hêtres (cf. allem. *Buchmarder*) et se nourrit de faînes. Bochart, se fondant sur une observation du naturaliste Gesner, a le premier indiqué (V. Ménage) le type FAGINA, conservé en catalan (,,à cause que les fouines se plaisent parmi les fouteaux"), comme point de départ des appellations romanes, à savoir:

pr. *faguino* (Gasc. *haïno*, *hagino*), à côté de *fahino*, *faïno* (cf. *fai*, hêtre, et *faïo*, faîne), Lot-et-Gar. *haïno* (H.-Pyr. *gahino*, *gaïno*) A.; Lim. *feino* (masc. *feinard* et *fait*) et *foino* (Var *fouino*); it. (et anc. pr.) *faïna*; Vén. *foina*, *fuina* ,,marte" (inversément, Calvad. *marte*,[2] Aveyr. *maltro*, Lozère *martre*, fouine A.), Piém., Côme *foin*;

---

[1] Suivant l'interprétation de Schuchardt (*Zeitschrift*, XXIII, 391): le sens serait petite ménagère ou garde-maison (contre les souris).
[2] Cf. Galice *martaraña*, fouine (= marte-chatte; V. esp. *cataraña*, p. 47); le lat. *feles* désigne à la fois le chat et la marte ou le putois.

anc. fr. *faîne* (XIIIe s. *fayne*), *fauwine* (XVe s.), *foine* (XVIe s.) et *fouine* (cf. *fê*, *fou*, hêtre, et *faïne*, faîne); Berr. *fouin*, fouine et putois (*fouine*, faîne, et *fouineau*, hêtre), wall. *fawenne*, Pic. *foine*, *foigne* (Pas-de-Cal. *fanne* et *fangne*, Somme *fangne*, *fengne* A.); Suisse, Sav. *fenna*, *fouinna* (cf. *fenna*, fouine et faîne); Vosges *fine*. La variante anc. fr. *fluyne* (V. Littré) revient dans le wall. de Hainaut *floène* (N. *fluenne*, Malmédy *flawenne* A.), à côté du Pas-de-Cal. *frouenne* A., sans que nous sachions comment expliquer cette insertion d'une liquide[1] qu'on rencontre également dans certaines variantes provençales (H.-Vienne *fleno*, à côté de *feino* A., et Auv. *fleinard*, à côté de *feinard*, fouine mâle);

esp. *fuina*, port. *fuinha*.

Quant aux composés de *fagina* avec chat (par ex. *chafouin*),[2] nous renvoyons à ce dernier (70^d), tout en tenant compte plus loin de leur évolution sémantique.

3. Envisageons maintenant les faits relatifs au physique de la fouine, et tout d'abord ses ongles pointus avec lesquels elle gratte la terre ou saisit sa proie; de là,

fouiller (cf. fureter): fr. dial. *fouiner* (Lille: faire un trou dans la terre; Poit.: chercher minutieusement), pr. *fouina*, Genève *fougner* (Vaud *founer*), Morv. *feugner*; May. *founiller* (pr. *founilha*, fouger) et Clairv. *founoiller*; à côté du wall. *cafougni* (de **cafougne* = chafouin), Lorr. *cafounier*, id., répondant au Norm. *chafouiner*, travailler intérieurement à la sourdine (Du Bois); de là, aussi, la notion de

flairer (sentir): Morv. *feugner* (d'où *feugnon*, flair et groin), Berr. *aufigner* (Suisse *afounná*, fureter), Suisse *founná*;

gratter: port. *gatafunhos*, griffonnage, et May. *chafouinette*, outil des taupiers; cf. pr. *escatifougna*, prendre aux cheveux, et catal. *escatafiñarse*, se quereller.

4. Le mâle de la fouine exhale une odeur forte et desagréable; de là,

excrément: Norm. *castafouine* (Berr. *catafouine*, maladie honteuse, propr. chatte-fouine);

odeur nauséabonde: fr. *faguenas* (XVIe s.), emprunté au pr. *faganas* (= *faguinas*, propr. odeur de fouine), Lim. *feinard* ("fouine mâle"); Berr. *fouin*, personne malpropre et qui sent mauvais ("il pue comme un fouin"), et *fouin!* (foin!) interj. de mépris, fi! (passé en fr. au XVIe siècle).

5. La voix de la fouine, comme celle du furet, est un murmure sourd ou un cri aigu de douleur; de là,

bouder: Bourg. *faire sa fouine*, allonger le museau;

gronder: Norm. *fouiner*, murmurer.

---

[1] Peut-être faudrait-il admettre l'influence analogique des verbes comme *flairer* (en pr., aussi, *puer*) et Lyon *frougni*, gratter. Cf. holl. *fluwyn*, fouine (= anc. fr. *fluyne*) et flam. *flawein*, putois (= wall. *flawenne*, fouine).

[2] Le terme *tsafouin* désigne, dans le Valais, l'angora ou le chat à longs poils (communiqué par Jeanjaquet).

6. L'extérieur de la fouine (sa taille est celle d'un chat) a fourni la notion de contrefait: fr. *chafouin* (XVIIᵉ siècle), de petite taille; port. *fuinho*, maigre.

7. Penchants, etc. attribués à la fouine, à savoir:

goinfrerie: Suisse *fouainner*, manger son bien, se ruiner; de là, misère: pr. *fahino* (faïno), id., et *fahinous*, dénué de tout;

paresse: anc. fr. *fetard*, paresseux, emprunté au pr. *faitard* (de *fait*, fouine mâle), Auv. *fleinard*, indolent (= *feinard*, 2) et pr. *fouineto*, paresse; H.-Maine *fouinasser*, se donner du mouvement pour ne rien faire; et, par contre,

fatigue (labeur pénible): pr. *faïno*;

pillage: Saint. *fouiner*, chercher à piller (comme une fouine); Yon. *fouiner*, être à l'affut du gibier (et rôder comme une fouine).

8. Et les suivants se rapportant au moral de la bête:

curiosité: Suisse *fouainna*, femme curieuse, indiscrète (= fouine); fr. pop. *fouiner*, s'occuper des affaires des autres (imiter la fouine qui fourre partout son museau);

dissimulation: fr. *chafouin* et Pas-de-Cal. *fouinard*, sournois; Yon. *fouigner*, feindre, et May. *founique*, ombragé;

lâcheté: fr. *fouiner*, s'échapper piteusement, faire comme une fouine (qui se cache dans un trou quand elle court quelque danger), Clairv. *fouigner*, Poit. *fougner*; Yon. *founier*, faire l'école buissonnière (= Berr. *faire la fouine*); pr. *fouiná*, s'enfuir, et quitter son maître avant le terme fixé;

ruse: fr. pop. *fouine* (fouinard, fouineur), malin; May., Poit. *fouiner*, ruser comme la fouine, Monferr. *fuiná*, id.; esp. *garduño*, voleur rusé;

sottise: port. *papalvo*, sot (= fouine mâle).

9. Applications isolées:

brûlure (taches sur les feuilles de la vigne): fr. *fouine*, „par comparaison avec le brillant de la peau de la fouine" (Littré); cf. Sav. *fouinná*, dessécher, se flétrir avant d'arriver à la maturité;

rayon de soleil (coïncidant avec la pluie): Genève *fouine*, par comparaison avec la queue de la fouine, à l'instar de *rate*, *rataco* (= queue de rat), lumière de soleil, réfléchie par un miroir.

B. Le singe.

1. Les animaux sauvages, à l'exception peut-être du loup et du renard, ont fourni peu de chose au lexique roman; si le singe a été plus fécond à cet égard, c'est qu'il est devenu familier aux Européens grâce aux exhibitions des forains, et surtout que sa figure et ses grimaces étaient plus propres à attirer l'attention.

Les noms romans du singe, en faisant abstraction de la terminologie scientifique, sont peu nombreux et diffèrent généralement d'une langue à l'autre. Le plus commun est le latin SIMIUS,

SIMIA, qu'on retrouve dans tout le domain roman (excepté le roumain): it. *scimia* (scimmia), réto-r. *schimgia*, Monferr. *simmia*, Piém. (et Alpes) *sumia*, Naples *scigna* (argot it. *scina*), Sic. *signa*; esp. *jimia* (ximia), port. *simia* (simio); pr. *simí* (cimi) et Béarn *sinye*, fr. *singe* (XIIIᵉ s.) et *singne* (Monstrelet).

2. Tout aussi familiers sont les noms tirés de la notion chat,[1] tels que fr. *magot* (matagot) et *marmot* (marmouset), pr., it., esp. *mico* et *mona*, etc. (V. Chat, 102ᵉ). Le turco-persan *maïmoun*, singe, se retrouve dans l'it. (gatto) *mammone*, singe, Nice *mamoïs*,[2] guenon (V. Chat, 70ᵉ), et dans les formes diminutives roumaines *maimuţă*, *momiţă*, singe (à côté du macédo-roum. *maimunu*), d'un primitif *maimă*, *moimă* (ce dernier en anc. roum.), guenon, répondant au magyar *majom*, id., de la même origine.

Les seuls noms indigènes qui aient pénétré en roman sont le port. *macaco* (mocaco, mococo),[3] nom populaire du singe (à côté de *mono*), d'où il passa en italien (*macacco*), en français (*macaque*, d'abord dans Buffon) et en provençal (*moucaco*); et le fr. *sagouin* (XVIᵉ s.: *sagoin*, *sagon*), port. *sagui*, petit singe au museau de porc, dérivant, suivant La Condamine, du brésilien *sahuin*, id.

3. Certains singes dont le museau ressemble à celui d'un dogue (les κυνοκέφαλοι des anciens), portent en fr. le nom de *babouin* (1295: *babewinus*; d'où it. *babbuino*, angl. *baboon*), ou *babion* (V. Littré) et *papion* (cf. allem. *Pavian*, 1552). Ces diverses formes du nom semblent faire allusion à leurs babines ou lèvres pendantes qui ressemblent à celles de certains chiens et qu'ils remuent continuellement: Jacques de Vitry les appelle *canes silvestres*, car ils aboient bruyamment. Cette dernière particularité se retrouve dans l'anc. fr. *quin* (XVᵉ s.), singe cynocéphale, *quine*, guenon,[4] et *quinaud*,[5] babouin (XVIᵉ s., et *quignaud*), encore auj. en Périgord („gros crapaud", en Dauphiné), à côté du Lim. *quinard*, gros singe, tous remontant au pr. *quiná*, pousser des cris aigus (en parlant des chiens), glapir.

Les singes sont couvert de poils longs et touffus, et il en est qui ont un véritable manteau de poils blancs: de là, anc. fr. *peleus*, gros singe anthropomorphe, litt. velu (*Roman d'Alexandre*, ap.

---

[1] L'esp. dial. (montañes) *choumino* (= chimino, simino) désigne le chat, et non le singe (Mugica, 27).

[2] L'anc. port. connaît également un *gato meimŏ*, que Viterbo confond avec la civette (*gatos meimoẽs*, gatos de algalia).

[3] Cf. Brehm, I, 67: „Sur les côtes de Guinée, on désigne tous les singes sous le nom de *macak* ou *macaco* ...“; 131: „Le nom de *maqui*, Lemur catta, provient du cri *maké! maké!*, que font entendre quelques animaux appartenant à ce genre.“ Ajoutons, néanmoins, que dans le créole portugais parlé sur la côte de Guinée (*Revista Lusitana*, VII, 183), *macaco* est rendu par *sancho*, c'est-à-dire par un nom propre (Voir 5).

[4] Cf. Jean Le Maire (*Triumphe de l'Amant vert*): Avec moi le *quin* et la marmotte ... XVᵉ s. (ap. Godefroy): Qui vous font laides comme *quines*.

[5] Cf. Cholières, *Contes* (ap. Lacurne): „Les médailles représentent Socrates comme un des plus laids *quinaux* qu'on eust seu penser.“

Godefröy: Ces *pelluz* où satires abbayent comme chiens); port. dial. (Beira-Baicha) *samarrudo*, singe,[1] propr. semblable à un pelisson de berger (*samarra*).

4. Le fr. *guenon*, qui désigne auj. un singe de petite taille ou la femelle du singe, était au XVIe s. le nom du singe à longue queue,[2] du *chœropithecus* ou cochon-singe, sa queue mince étant enroulée comme celle du porc: *guenon* paraît être, en effet, la pro-nonciation dialectale de *gagnon* (d'où gaignon, guenon), cochon, truie, en provençal; de là, les diminutifs *guenuche* (XVI s.: *gueniche*) et *guenupe* (Cotgr.), au sens actuel de guenon ou de petit singe.

5. Certains noms propres de personnes ou de pays sont devenus des noms de singes, soit comme termes familiers, soit pour indiquer le lieu d'extraction. A la première catégorie appartiennent: anc. fr. *bertrand*, vieux singe (V. Ménage), it. *bertuccio*, id., *bertuccia* et *berta*,[3] guenon, Sic. *martuzza*, Abr. *martufe*, id.; wall. *marticot*, singe (flamand *marteken*, russe *martyška*, id.); dial. port. (Guinée) *sancho*, singe (= *Sancho*); cf. holl. *kees*, singe, propr. Cornélius. A la seconde catégorie: port. *bugio*, singe (= *mono de Bugia*), propr. singe de Bougie, ville d'Algérie, d'où on les importait,[4] et fr. *tartarin*, singe cynocéphale, ou singe de Tartarie, très commun dans cette région.

6. Faits et gestes relatifs aux singes:

bouder: anc. fr. *marmouser*, se fâcher (Pic. s'inquiéter); pr. *mounà*, *mouninà* (s'enmounina, mounineja), faire la moue, Gasc. *mona*, moue (port. bouderie), *mounaire*, boudeur; it. *pigliar la mona* („attraper la guenon"), esp. *estar de monos* („être comme des singes"), se bouder (des amoureux); cf. it. *darsi alle bertuccie*, se faire du mauvais sang;

bouquer: pr. *faire mouna*, se soumettre; cf. fr. *faire baiser le babouin à qn.*, le réduire à se soumettre (V. figure grotesque);

caprice: pr. *mouno*, boutade, *mounel*, *mounino* (mouninado, mouni-narié), envie bizarre, lubie;

culbute (= tour de singe): H.-Italie *similon* (dimin. de *simia*?);

épouvantail (certains singes, p. ex. les babouins à face noire, ont un aspect hideux; le visage du mormon est comme voilé): anc. fr. *marmot* (Bouchet, IV, 61: une nourrice menasse son enfant de la baboue ou du *marmot*), à côté de *babouin*, mannequin pour servir d'épouvantail (d'Aubigné), encore auj. dans la Saintonge (Norm. et Guern.: homme de neige); pr. *babouin* et *mouno*, épou-vantail; cf. bas-lat. *moninus*, sorte de monstre anthropophage (Ducange: Ecce lupus, quem vulgo *moninus* vocant, hoc est humana carne vescentem, puerum rapuit);

---

[1] J. Leite de Vasconcellos, *Philologia Mirandesa*, II, 180.

[2] De même, esp. *mico*, d'abord singe à longue queue, puis petite espèce de singe.

[3] V. Baist, *Romanische Forschungen*, XII, 652 (qui rejette avec raison toute valeur mythologique).

[4] Suivant Bluteau, dont l'étymologie a été récemment reprise et corro-borée par Mme Caroline Michaëlis (dans les *Miscellanea Caix*, p. 120).

figure grotesque: fr. *babouin*, figure ridicule (que dessinaient les soldats et que devait baiser celui qui avait enfreint les conventions établies entre eux), *magot* (de Chine), anc. fr. *marmoset*, figure grotesque faite en façon d'une mamelle à une fontaine par laquelle l'eau sort (Nicot), Doubs *mouniche*, magot (Champ.: figurine, statuette), et Petit-Noir *mounins*, figures grotesques que les écoliers dessinent sur leurs cahiers;

gesticuler (comme les singes): it. *ammiccare*,[1] faire signe des yeux, du visage (de *micco*, singe), propr. faire le singe;

grimace (= singerie): Bas-Gâtin. *babouinerie* (fr. *babouiner*, faire le bouffon), et fr. *singerie*, bouffonnerie (surtout dans le geste); anc. fr. *quine-mine*, mines de singe (*Moyen de parvenir*, éd. Jacob, p. 51: le serviteur étant delà l'eau, le pouce contre la joue, la main en aile .., fit la *quine-mine* contre son maître); pr. *mouno* (mougno, mouino), *mounaco* (Anjou *monique*), *mouninarié* (mougnegnarié) et *moucaco* (moucacarié); esp. *monada*, *moneria* (port. *monaria*); port. *bugiaria* (*bugeria*) et *moganga* (= *mogiganga*, V. mascarade), pl. grimaces et signes que font les amants avec les mains ou la bouche (d'où *möganguice*);

grommeler: anc. fr. *marmotter* (XVIᵉ s.), propr. grommeler comme les singes[2] (Rabel. IV, 19: Quel patenostre de cinge est-ce que tu *marmottes* la entre les dents?), *marmouser* (auj. Berry) et *marmotonner* (cf. *dire les patenôtres du singe*, claquer des dents de colère, ou autrement dit, gronder, grommeler, Oudin); it. *dire l'orazione* (l'ave maria) *della bertuccia*); May. *babouiner*, remuer souvent les lèvres (*babouin*, celui qui parle beaucoup et peu distinctement), et *marmioner*, marmonner;

mascarade (cf. Berr. *embabouiner*, envelopper la figure): port. *bugiganga* (mugiganga, mögiganga), mascarade que faisaient la nuit les corps de métiers et où l'on se déguisait surtout en animaux (= *bujicanga*, propr. singerie, tiré du dimin. *bujico*, à l'instar de *mönicongo*); esp. *bojiganga* (mojiganga), travestissement des comédiens ambulants (emprunt au portugais, ou formation directe de *moji*, minet, V. Chat, 24ᵉ);

monnaie de singe (= grimace): pr. *mouninos*, it. *mona*, esp. *monises*; cf. fr. *payer en monnaie de singe* (Rabel., IV, 2), promettre de payer avec des paroles et des gestes persuasifs, répondant à l'esp. *dar un mico*, ne pas payer („donner un singe“);

morfondre (se: grommeler d'impatience comme font les singes): fr. *croquer le marmot*, propr. claquer des dents (V. *marmot*, mâchoire, 10), et *croquer le marmouset* (Anc. Th. fr. IX, 61), Gasc. *croquer le mouset* (Le Duchat, dans Ménage), répondant au fr. pop. *faire le*

---

[1] Suivant Gröber (*Miscellanea Caix*, p. 40), *ammiccare* serait une dérivation de *ammi* (= *ad me*) à l'aide du suffixe *iccare* (cf. *tutoyer*).

[2] C'était déjà l'avis de H. Estienne: „*Marmotter*, Gallis garrulare, factum ex animalis voce ut ex proprietate naturæ dicunt *fureter*“ (cité par Clément, *Henri Estienne et son oeuvre*, 1898, p. 202). Cf. Ménage: „*Marmotter*, c'est une métaphore tirée des singes qui semblent parler entre leurs dents.“

singe, attendre en allant et venant, et au Norm. *guinoner*, attendre longtemps en vain (= faire la guenon);

railler (jeunes, les singes sont pétulants et vifs): it. *dar la berta* (la monna) et *berteggiare* (sbertare), se moquer, *dar de' monnini*, s'amuser (*monnino*, plaisanterie, jeu de mots, propr. espièglerie de petit singe, et *berta*, tour, niche); port. *pregar o mono*, jouer un tour („coller un singe"), et *mandar bugiar*, envoyer promener (= faire des singeries);

regarder avec convoitise: pr. *mouná*, reluquer;

tromper (cf. mascarade): anc. fr. *embabouiner*, tromper par des cajoleries, propr. coiffer un singe (auj., en marine, engager dans des écueils); esp. *hacer un mico*, poser un lapin, et port. argot *mono*, fraude; cf. Suisse allem. *affen*, tromper.

7. Epithètes se rapportant au physique ou au moral du singe:

bizarre (cf. caprice, 6): pr. *mounèl* (amounèl); cf. fr. pop. *matagot*, original, excentrique, propr. singe;

camard: pr. *mouni* (mougne) et *mounard* (= singe; cf. lat. *simia*, de σιμὸς, camus); Galice *macaco*, petit chien camus et criard;

confus (ébahi comme un singe): wall. *macaw* (macasse), propr. magot, anc. fr. *marmot* et *quinaud* (May. *quenaud*, penaud, ébahi); pr. *mouni* (mougne), *mougno*, Lyon *monet* (monin), Pic. *moneux* („honteux"); Abr. *aremané 'mbertecate*, rester interdit, à l'instar de l'esp. *quedarse hecho un mono* (anc. fr. *quigner*, *faire quine* ou *quinault*);

gourmand: May. *sagouin*;

gracieux (certains singes sont très jolis): esp. *mono*, mignon (*monadas*, mignardises), it. *monnoso*, gentil (Pataffio, VII, 118: E quando la *monnosa* va per via), et *monnosino*, gracieux, douillet; pr. *mouninous*, minaudier; esp.-port. *bonito*, gentil (= *monito*, petit singe); cf. anc. gr. καλλίας, singe (= mignon);

hypocrite: anc. fr. *magot* et *matagot* (dans Rabel. I, 54: Cy n'entrez pas, hypocrites, bigots, vieux *matagotz* . . .);

imitateur (gauche ou ridicule): *singe* (remarquable par son esprit d'imitation), etc.; cf. anc. gr. μιμῶ, singe (= pers. *maïmoun*), rapproché de μιμεῖσθαι, imiter;

ivre (les singes ont un goût marqué pour tous les alcools): wall. *macaw* (macasse), propr. magot; pr. *mounard* et *mounino*, ivresse (*s'enmounina*, se griser), *mounzo*, id. (cf. esp. *monazo*, gros singe); it. *scimiato* et *monno* (= singe: cf. cotto com' una monna), Terram. *scimone*, cuite (= gros singe), Piém. *sumia* et Monferr. *simmia*, id.; esp. *mona* (moña), id., dans *tomar la mona*, se griser (litt. prendre la guenon), répondant au pr. *prene* (carga) *la mounino*, it. *pigliar la bertuccia* ou la *monna* (Piém. *piè na sumia*, Monferr. *pijée ra simmia*, Vén. *chiapar la simia*); cf. allem. *einen Affen haben*, avoir bu un bon coup;

laid (cf. laid comme un singe): fr. *guenon*, *guenuche*, femme laide (Berr., femme mal peignée), et *magot*, homme laid, wall. *magaw* (magasse), une laide femme à long menton, Bresse *mouni* (mounin), personne laide; it. *bertuccia* (bertuccione), *macacco* et (brutta) *scimmia*, Mil. *baboin* (figura di); esp.-port. *mona* et port. *macaca*, femme laide;

lascif (comme un singe): it. *micco*, satyre, mâle; esp. *mico*, débauché;

maussade (les vieux singes sont farouches et tristes, ou tombent dans un marasme qui les conduit rapidement à la mort): anc. fr. *marmouserie*, mélancolie (propr. marasme de singe), Messin *mone* (monin), Pic. *moneux*, Suisse *monon* („fille maussade"); pr. *mouni* (mougne), sombre, et *mouninous*, triste (cf. *mouninos*, chagrins, soucis); Béarn *moniná*, être dans la tristesse par suite de l'absence d'une personne aimée, et Venise *smonarse*, s'ennuyer (de *smona*, triste); esp. *moña*, bouderie („guenon");

mutilé (= singe courtaud): fr. *monaud* (XVIIIᵉ siècle), qui n'a qu'une oreille (chat, chien, cheval), wall. *monâ*, id., et Mons: sourd;[1] Pic. *moneux*, écourté (Démuin *mone*); it. *bertone*, cheval courtaud, d'où *bertonar*, mutiler (des oreilles);

nabot: fr. *marmouset*, petit homme laid; esp. *monicaco, monigote*, mirmidon („petit singe");

rusé (cf. malin comme un singe): port. *macaco*;

sale: fr. *guenipe*, femme malpropre, et *sagouin*, petit homme sale et laid (Vendôme *sagouiné*, sali); Lomb. *monát*, sale (de *mono*, singe);

sot: anc. pr. et Guern. *babouin* (et *babouine*, fille sotte), wall. *macaw* (macasse), rustre, May. *monard*, jobard (cf. pr. *mounard*, singe), Lyon *monet* (monin); it. *babbuino* et *babbuasso* („gros singe"), *marmocchio*, benêt (Duez), propr. singe (13) et *mormicca* („guenon"), Abr. *martufe* („singe") et Gênes *martuffo*, rustre; it. *scimunito* (Venise *simunito*), dérivé de *scimone* (auj. Terramano), Vén. *simon*, id. (= gros singe), à côté de *scimignato* (Pulci), id., c'est-à-dire pareil à un singe[2]; Vén. *macaco* et port. *mono*; cf. Suisse allem. *tumm wie en Aff*.

8. Applications techniques:

brouette (dans les tuileries): Yon. *guenuche* („guenon");

chenet (terminé en figure): anc. fr. *marmouset* (auj. Lorr. et *barbouset*), chenet triangulaire (1622, ap. Livet, *Lexique de Molière*: un buffet rempli de *marmousets*);

cric (pour soulever des fardeaux): fr. *singe*, petit treuil, et port. *macaco*, id.; cf. anc. fr. *marmot* (1634: au *marmot* nommé souc de drisse; *Romania*, XXXIII, 574);

marmite (V. Chat, 121): anc. fr. *marmion*, argot *marmouset*,

---

[1] Ce caractère populaire du mot, de même que son sens plus général (cf. Feraud, 1787: *moineau*, cheval auquel on a coupé les oreilles), exclut la dérivation du gr. μόνωτος, à une oreille (Littré), mot resté étranger même à la terminologie scientifique. Le terme, employé d'abord par La Fontaine, appartient aux patois du Nord et répond exactement, quant au sens, à l'it. *bertone* („gros singe").

[2] Les variantes: *scemonito, sciamunito* (Duez) et *sciamigna* (Lucques) sont des altérations populaires dues à l'influence analogique de *scemo*, moins.

soupière (anc. arg. *marmouse*, chaudron); cf. Bas-Gâtin. *marmotte*, réchaud (Marne: cuve; fr., en marine, baril);

mouton (pour enfoncer): it. *berta*, port. *bugio* et *macaco*; cf. angl. *monkey*, id.;

pantographe (il copie mécaniquement): fr. *singe* (allem. *Affe*, id.), et nom burlesque du compositeur typographe;

pièce d'un moulin à blé (qui moud au moyen d'un manège): esp. *maimona* (certains singes étant employés dans les forges);

plongeur (dont la tête est enveloppée par un casque hermétiquement fermé et garni de verres à la hauteur des yeux): Venise *simiotto*, propr. petit singe; cf. Vendôme *baboin*, capuchon en toile métallique (des éleveurs d'abeilles).

9. En zoologie:

chimère (poisson): port. *bugio marinho* („singe de mer");

crabe: Hague *sagaon* (V. méduse);

chrysalide de ver à soie (morte dans le cocon): Lyon *babouin*;

méduse: Bessin *sagone*; cf. fr. *singe de mer*, blennie baveuse.

10. Parties du corps:

bouche: Norm. *baboin* (et visage), argot fr. *marmouse* (et „barbe");

caboche (les babouins ont la tête énorme): port. (argot) *mona*, propr. tête de singe;

mâchoire inférieure: Yon. *marmot* (d'où *claquer le marmot*, claquer les dents sous l'action du froid; Bourn. *tocà lou marmot*, id.);

menton (V. mâchoire): Yon. *marmot*; cf. Vendôme *baboin* et fr. *marmotte*, fichus qui se nouent sous le menton;

prunelle: wall. Mons *marmot* (= enfant, 13).

11. Noms de maladies, fréquentes chez les singes:

glandes (et leur intumescence): roum. *momiță* („guenon");

maladie (grave): port. *macacoa*, propr. maladie de singe; cf. pr. *marmusat*, maladif;

marasme des enfants (V. maussade, 7): Venise *mal de simiotto* („mal de singe");

rhume: Pist. *marmocchio* (Luques *marmocchiaja*), propr. rhume de singe, et *marmotta* („guenon"); port. dial. (Beira-Alta) *ensamarrado*,[1] *samarreira* (de *samarrudo*, singe, 5).

12. Emploi péjoratif:

coquin: Norm. *guenon*, pr. *quinaud*; Côme *monàt* (V. le mot suiv.);

croque-mort: it. *monatto* (Côme *monàt*), propr. gros singe;[2] cf. anc. fr. *magoguet* (1531), id., en rapport avec *magot*, singe;

femme (en mauvaise part): Lyon. *mouna* (Forez: femme laide); V. prostituée;

fou de cour: anc. fr. *marmouset* (et favori de prince);

---

[1] J. Leite de Vasconcellos, *Philologia mirandesa*, II, 180.
[2] V. Salvioni, dans *Miscellanea Rossi-Teiss*, p. 406 (*monatto*, autre forme de *monello*).

mijaurée: pr. *mouneco*, esp. *mona*; cf. allem. *Affe*, id.;

novice: esp. *monigote* („petit singe"), et frère lai; cf. fr. pop. *mounin*, apprenti;

patron (maître): fr. argot *singe*;

prostituée: fr. *guenon* et *singesse*, argot *mouniche*, jeune fille amourachée; it. *monalda*, id. (Pataffio, VII, 116: la *monalda* non vuol grossa badia), Berg. *mona*; port. *boneja* (= *moneja*);

souteneur: fr. *singe*; it. *bertone* (d'où *imbertonire*, s'amouracher) et *micco* (Mil. *miccheggià*, s'amouracher), d'où Lyon *mico*, fr. pop. *miché* (= michet; dim. *micheton*) et port. *michela*, prostituée (mots d'argot).

13. Emploi hypocoristique:

enfant: fr. *babouin* (May. gamin) et *marmot* (St.-Pol *marmotte*, fillette), *marmaille* (Poit. *marmaillon*, bambin), anc. fr. et Suisse *marmoin* (mairmoin), anc. fr. *marmouset*, écolier (XIIIᵉ siècle) et jeune homme (Villon: *marmousets* et *marmouselles*), fr. pop. *marmouset*, *mounin*, petit garçon laid; pr. *marmousilho*, moutard; it. *marmocchio* et *marmaglia* (empruntés[1] au fr. du XVIᵉ siècle), à côté de *monello* („petit singe") et de *monnino* (Pataffio, VIII, 192: credetti alor vedere un bel *monnino*); esp. *monicaco* et *monuelo* (cf. it. *monello*); port. *buginico*, petit garçon remuant, vif;

poupée: anc. fr. *marmouselle* (Cotgr.) et St.-Pol *marmotte* (en carton), Fribourg *guenon* et Vosges *gueniche*; Perche *matagot* (= singe); pr. *mouneco* (mounaco), esp. *moña* (muñeca), Arag. *moñaco*, port. *boneca* (= moneca); Galice *monifate* (bonifate), et, par étymologie populaire, port. *monifrate* (bonifrate), marionette;

14. Emploi euphémique:

nature de la femme: St.-Etienne (Forez) *mouna*, Hain., Lyon *moniche* (= guenuche), argot *mouniche*, pr. *mouniflo*; it. *monna* et *monina* (Duez);

nature de l'homme: anc. fr. *quine* („guenon"), dans Des Périers (Franck, *Lexique*, p. 159), et *quinette*, verge d'un enfant (Nicot); Venise argot *marmot*, membre viril (= singe).

15. Applications isolées:

bagatelle: it. *berta*, chose frivole; esp. *bugeria*, *monis*, babiole (port. *bugiganga*, quincaillerie), et *mona*, garniture des torreros, *muñeco*, bibelot (= magot);

béquille: anc. fr. *quinette* („petite guenon");

chignon (certaines guenons ont une belle chevelure): esp. *moño* (et „huppe"), primitivement singe, port. *monho*,[2] id., et *monete*, chevelure;

---

[1] D'Ovidio (*Archivio*, XIII, 406) a le premier indiqué cet emprunt; Flecchia (*Ibid.*, II, 366) réduisait le terme italien à un type *minimuculu* „très petit"; l'évolution du mot est, suivant nous: chat, singe, enfant (cf. Suisse allem. *Äffli*, enfant). V. Chat, 119.

[2] Cornu (dans Gröber, *Grundriss*, I, 760) voit dans le port. *monho* un reflet du lat. *nodlus* (= nodulus), petit noeud.

cochon de lait (apprêté): Suisse *marmot* (V. Littré, *Suppl.*);

colin-maillard (cf. mascarade, 6): Berr. *babouin*, à côté de *babifou* (= singe fou? Baïf: *papifou*); May. *matagot*, jeu d'enfants;

contes en l'air: anc. fr. *singes verts* (Rabel., I, 24: beaux bailleurs de baillivernes en matière de *cinges verds*), propr. singes verts du Nouveau Monde, appelés *calitriches* ou guenons à la belle chevelure, rares ou inconnus en Europe (d'où le sens de choses fantastiques);

corset (= corps de singe): esp. *monillo* („petit singe"); cf. port. *monelha*, bourrelet;

escamotage: anc. fr. *passe matagot*! terme d'escamoteur, de joueurs de gobelets lorsqu'ils font quelque tour d'adresse („ils l'emploient comme une expression de grimoire pour faire croire aux spectateurs que, sans lui, ils ne pourraient réussir à faire leurs tours", d'Hautel);

galette: esp. *mona* („guenon de four") et Aragon *monis*, meringue; cf. Suisse allem. *Teigaff*, pâtisserie en forme de singe;

guignon: port. *macaca* („guenon"); cf. *morte macaca*, burl., mort désastreuse;

sac: anc. fr. *marmion*, id. (Passion de J.-Chr., ap. Schoene, *Ballades de Villon*: le *marmion* est à sec); it. argot *berta*, poche; cf. allem. argot *Affe*, sac d'ordonnance;

tabatière: fr. pop. *magot*, tabatière en bouleau, dite „queue de rat"; it. *bertuccione* („grosse guenon") et *micco* („singe"), pot à tabac.

Ces deux dernières acceptions par comparaison avec les abajoues des singes, c.-à-d. les poches intérieures placées sous leurs joues, où ils mettent en réserve des fruits, etc. pour les manger à loisir.

C. Les strigiens.

1. La plupart des noms que portent en roman les rapaces nocturnes, sont de formation indigène; l'héritage latin n'y est representé que par STRIGA (sarde *strea*, *stria*, roum. de Bucovine *strigă*, chat-huant[1]), et surtout par ALUCCUS (aloccus, uluccus) qui a donné: it. *allocco* (dim. *alocarello*) et *locco* (Sienne *loccaione*), Parme *locch* (Berg. *loc*), Naples *luccaro*, Sic. *luccaru*, Piém. *oloch*, *oulouc* (Monferr. *urucch*), Novi *oluc*, Mil. *urluc*; fr. dial., Sav., Suisse *lucheran* (déjà dans Cotgrave) et *lucherou*, H.-Marne *ucheran* (H.-Saône *ch'ran* A.) et Montbél. *ucherot*; esp. *alucon*.

On pourrait y ajouter: NOCTUA (*NOCTULA): anc. it. *nottua* (XIVe s.) répondant à l'angevin *oiseau de la nuit*, hibou, chouette; anc. fr. *nuitre*,[2] anc. pr. *nuchola*, mod. *nichoulo* (nechoulo, nouchoulo), chouette, et *nuchoro* (nuechour), Gasc. *nitolo*, Sav. *nuitela* (et *itoula*, Suisse *eteula* = nitoula), Dauph. *nietola*, it. *nottola*; et, peut-être,

---

[1] L'anc. fr. *stryge*, effraie (Cotgr.) et le port. *estrige*, chat-huant, sont des termes savants.

[2] Voir A. Thomas, dans les *Mémoires de la Société de Linguistique*, XII, 250.

OTUS (ὦτος): esp. *autillo*, hulotte; roum. *uture*,[1] id., dim. de l'albanais *ut* (hut), hibou, d'où également serbe *utina*, bulg. *utva*.

2. Les langues romanes ont suivi, pour dénommer les rapaces nocturnes, divers procédés qu'on exposera plus bas; les cris mêmes de ces oiseaux ont fourni une première ressource, dont on a usé largement. La plus ancienne trace de cette nomenclature imitative se trouve, dès le IIIe siècle, dans le *cauua*, γλαύξ, de la version latine[2] du Deutéronome (XIV, 15) antérieure à saint Jérôme (IIIe à IVe siècle), et dans le bas-lat. *cauannus* (Ve siècle), qui est un mot gallo-roman: „Sunt qui ululas aves esse putant nocturnas, ab ululatu vocis, quam efferunt, quæ vulgo *cauannos* dicunt", affirme Eucherius, évêque de Lyon (m. 454), et le mot est encore vivace dans les patois du Nord (4) et dans les idiomes celtiques modernes.[3]

3. Ces cris des strigiens, qui ont servi de point de départ à toute une catégorie de leurs noms, méritent de nous arrêter un instant. Les voici d'après les données des naturalistes (Brehm, Buffon, etc.):

Chouette (et effraie), émission de souffles forts semblables à ceux d'un homme ivre qui dort la bouche ouverte: *ché! cheu! chiou! chu-chu! chou-hou! chou-cou!* L'effraie, en volant, pousse des cris âcres et lugubres (*cré! gré!*), précédés ou suivis d'un gémissement semblable à un soupir langoureux; le cri de la hulotte rappelle le hurlement du loup: *hou-hou! hou-ou-ou!* parfois *raï!* en ajoutant *couwitt! quiwitt!* celui de la chevèche, en volant: *poupou-poupou!* et posée: *ème-hème!* tandis que la chevêchette crie: *quirrr-quirrr!* ou *gouih!*

Duc (et grand duc), cri sourd prolongé semblable au mugissement d'un bœuf: *bou-hou! pou-hou! hou-hou! ouhou-bouhou!* ou au gémissement d'une bête souffrante: *houihou! huibou!*

Hibou (ou chat-huant), cri plaintif ou gémissement grave: *caw!* (cow! cowl!), *cou* (gou)! *clout!* (clou-clou!), et cri prolongé, rauque: *hô-hô-hô!* ou *uc! huc!*

Ajoutons que certains strigiens claquent du bec et soufflent ou sifflent à la manière des chats.

4. Les noms des rapaces nocturnes qu'on a tirés de ces cris, se présentent en roman sous les aspects suivants:[4]

---

[1] Hasdeu (*Cuvente*, I, 309) voit dans *uture* un reste dacique; l'étymologie de *autillo* se trouve dans Cobarruvias. Voir, pour l'alb. *ut*, Gustav Meyer, *Albanesisches Wörterbuch*, s. v.

[2] Dans *Heptateuchi pars posterior . . .*, éd. Ulysse Robert, Lyon, 1900.

[3] Voir la scholie aux Bucoliques de Virgile (ap. Holder, *Altceltischer Sprachschatz* s. v. *cavannus*): „Ululæ aves de ululatu dictæ, cujus diminutivus ullucus, sicut Itali dicunt, quam avem Galli *cavannum* nuncupant." Cf. anc. breton *couann*, moyen-breton *couhenn*, moderne *caouenn, caouen*, hibou, *caouan*, chouette. Bücheler (ap. Holder) tire *cavannus* du lat. *cava*, caverne.

[4] Les rapprochements que nous citerons des patois allemands sont empruntés au *Polyglottenlexicon* de Nemnich, et, pour la Suisse, à l'*Idioticon*

Simples:

a) anc. pr. *cau*, f. *caueco* (gaueco) et Béarn *cayeque*, hibou, chouette; anc. fr. *caon* et *coan*,[1] Aisne *caou*, Norm. *cawan*, f. anc. fr. *cawe* (et Bessin), Pas-de-C. *coette* (anc. fr. *cuette*); Aveyr. *coï*, hibou; it. *chiù* (Vén., Sic. *chiò*), hibou; Abr. *acchiòle*, duc;

pr. *chau* (f. *chaua*, *chaueco*), mod. *chò* (f. *cheito*, *chuito*); anc. fr. *chaon* (auj. Poitou),[2] wall. Mons *chaou* (f. *chawette*, *chawotte*), Lorr. *chawe* (f. *chawatte*); anc. fr. *chauan* (Rabel. IV, 57), Orne *chawan* (chawon) et *chon* (Meuse *choune*), Marne *chayan* (chouyan) A.; anc. fr. *choe* (choete), m. *choan*,[3] *chouan* (Ronsard), auj. Norm., Haut-Maine, etc. (*chouon*, *chouou*); anc. fr. *choue*, auj. Poitou (et *chouatte*, *chouette*), Yonne (et *chiotte*, Vosges *chouotte*, Meurthe-et-Mos. *chowotte* A.); Vendée *chouart*, effraie; anc. fr. *chue* (chuette), chouette (cf. fr. mod. *chuinter*), Berr. *chuèche* (Yon. *chouèce*);

Parme *ciò*, hibou, Modène *ciù*, Marches *cioetta*, *ciuetta*, chouette; Suisse et réto-r. *tchuetta*, id., Tyrol *ciuitta*, Frioul *ciuite*; Piém. *sciueta*, chouette; cf. roum. *ştioiü*, hibou (Marian);

anc. fr. *suette*, auj. Namur, Suisse (et *souette*), pr. *suito*, *suto* (Jura *sute* A.), May. *souatte*, Lorr. *suotte*, Sav. *sowieta*, Auv. *zouetta*; Piém. *sitola*, *so'ta* (soeta), Venise *zoeta*, Bol. *zueta*; it. *assiuòlo*, duc (l'*a* est prosthétique; cf. ci-dessus Abr. *acchiòle*); Novi *suetta*, chouette, Piém. *suiton*, effraie, Frioul *çuite* (çuiton), chouette.

b) Galice *boy*, hibou; cf. allem. dial. *puy*, id., Nemnich.

c) Gasc. *haou*, chouette (cf. Suisse allem. *Haw*, hibou), Char.-Inf. *houette* A.; anc. fr. *hua*, *huan* (huyan), *huant* („son chant n'est que *hu* et cri piteux", Nicot), auj. Norm., et *huart*, *huet* (huette), *huot*, auj. *huon* (cf. *huer*, crier comme le hibou).

5. Amplifiés, à l'aide des labiales (v, b, p), des sifflantes (f, h, s), des dentales (t, d) et des liquides (l, r), soit pour éviter l'hiatus, soit surtout pour rendre plus intense le cri rauque ou le souffle prolongé.[4] On obtient ainsi:

a) anc. fr. et Pic. *cave* (cavette, cauette), chouette, Berr. *cavoche*; anc. pr. *cavec*, mod. *caveco*;

Abr. *chiove* (Sic. *chiovu*), duc, dim. *chiuvine* (it. *chivino* Nemnich); cf. aha. *kuwo*, tchèque *kuvik*, hibou;

anc. fr. *chave*, anc. pr. *chavesca* (m. *chavec*), Berr. *chavêche*, *chavoche*, For. *chaviche*, fr. *chevêche* (XIIIe s., *chevece*, *chevoiche*); pr., Sav. et anc.

---

de Staub et Tobler; les exemples slaves, au *Dictionnaire étymologique* de Miklosich (1886). Voir spécialment pour le roman: Salerne, *Ornithologie*, Paris, 1767; S. Fl. Marian, *Ornitologia poporană română*, 2 vol., Cernăuţĭ, 1883; Bonelli, dans les *Studi di filologia romanza*, IX, 370—489 (Les noms d'oiseaux en Lombardie).

[1] Thomas, *article cité*, p. 249.
[2] *Ibidem.*
[3] *Ibidem.*
[4] Voir sur ces amplifications consonnantiques, Wackernagel, *Voces*, p. 19 s. et 34 s. Cf. aussi Chat, p. 9.

fr. *chavan* (pr. *chăvancou, chavanî*), For. *chavagne*, Berr. *chavin, chavon*
(et anc. fr.), f. *chavotte* (anc. fr. *chauvette*), Indre *chavouin* (les strigiens
en gén., A.); Allier *chevan* A., Sav. *chevolard*, chouette, Lorr. *chevotte*
(chivotte), pr. *chiveco*, Loire-Inf. *chovan*, Lim. *chovon*;

   roum. *ciovică* (ciuvică), et *ciomvic*, hibou; cf. tchèque *čuvik*, id.;
   pr. *javan* (= chavan), Dauph. *javanè* (Auv. *javanè*, Isère *chanavè*
A.) et *javanel* (javanèu);
   Sav. *savan, sevan* (*stevan*, f. *sevta*) et *sovan*, hibou; cf. anc. sl.
sova (suva), id.; Suisse *suvetta, tsuvetta*, chouette, Fourgs *suvetotte*, id.;
   it. *civetta*, Marches *ciovetta*, chouette;[1] Tyrol *cevilta*; Ossola *švetta*,
Mil. *scigueta*, id.;
   Piém. *siveta, sivilola, svitora,* chouette;
   Modène, Pavie *ziveta*, Venise *zovetta*, id.

   b) fr. *caboche*, chevêche (Littré); pr. *caban*, f. *cabano*, et *cabec*,
f. *cabeco*, dim. *cabanel* (cabanèu); pr. *gabus*, hibou;
   Gir. *chaban* (Corr. *chabo*, Seine-et-Oise *chabiou* A.), hibou, Béarn
chabeque (chebeque), pr. *chibeco*, chevêche;
   pr. *cibec* (cimec), hibou, catal. *sibeca* (= pr. *cibeco*), m. *siboch*,
hibou; cf. irland. *seboec*, id.;
   Deux-Sèvres *cop*, petit duc (Roll. II, 54); Sic. *scupiu*, id. (cf.
cuccupiu = *cuccufiu*, 8[a]) et Catane *chiuppu* (= chiù); cf. Suisse
allem. *Chöppli* et anc. gr. σκώψ,[2] id.;
   anc. fr. *houpi*, hibou; Pic. *houpeu*, H.-Bret. *houpou*, id., Plancher-
les-Mines *hopotte*, chouette.

   c) port. *bufo*, esp. *buho* (buharro), hibou; roum. *buf, buh* (buhac),
id., f. *bufă* (buhă, puhă), *bufnă* (buhnă, bufniţă); cf. gr. mod. μπούφος,
pol. *puhać*, hibou, et aha. *buf*, id. (Wackernagel, 12);
   Belgique *quiafo* (tyafo), hibou A.;
   réto-r. *püf*, hibou;
   roum. *ciuf, ciof*, à côté de *ciuh*, duc; Bellinzona *zuf*, id.; cf.
allem. *Schuful*, id., dim. dial. *Tschafytlein*, chevêche;
   it. *gufo, guffo* et *gofo* (Duez; auj. Menton), hibou; anc. fr. *guvet*,
id. (1516, ap. Godefroy: un *guvet* ou *guvette*, c'est-à-dire chat-huant);
cf. allem. *Gauff*, aha. *ûfo, ûwo* (hûwo, auj. Suisse *Hûw*), dim. *ûwila*
(hûwila), Suisse *Ûwel* (Hüwel), allem. mod. *Eule*.

   d) wall. *cahu, chahu*, Orne *chahou*, hibou, Guern. *cahouan*, Calvad.
chahouan (Côtes-du-N. *chohan*), anc. fr. *cahuan, chahuan*, id. (XIII[e] s.),
c'est-à-dire *caüan* (= bas-lat. *cauannus*, 2), rapproché, à partir du
XVI[e] siècle, du nom du chat, *chat-huant* ou chat-hibou, à cause de
certains traits communs (V. Chat, 70[c]), à l'instar du pr. *cabrarèu*
(8[k]), interprété comme *gat-brarèu*, ou chat qui braille (Honnorat);
de là, Lorr. *chat-hourant* (Meuse *chahoran*), ou chat-hibou, et May.

---

[1] On considère généralement cette forme comme un emprunt fait au
français.
[2] Cf. Hoefer, *Histoire de la zoologie*, p. 117: Il doit son nom de *scops*
probablement au cri qu'il fait entendre dans les belles soirées d'été et d'automne...

chahuchet, petit hibou (cf. Anjou *huchette,* chevêchette, et *hucheur de nuit,* hibou).

e) pr. *caüs* (cahus), *cauuche,* Quercy *coïs,* catal. *gaüs,* pr. *gahus* (gehus); cf. allem. *Kuz* (Suisse *Chutz*), *Kauz,* hibou;

Venise *chiusso* (= chiù), Piém. *ciuss,* Côme *cioass,* hibou; Frioul *çuss* (zuss), chouette; roum, *ciuş,* hibou;

Galice *bucho,* hibou; cf. allem. dial. *Wutsch,* chouette des clochers.

f) Quercy *choc* (chouoc), hibou, Gasc. *chouco,* chouette; Novi *ciuc,* hibou, et Piém. *ciuc* (cioch), dim. *ciocot,* id.; cf. serbe *čuk,* id., albanais *čokj,* chouette;

Gênes *ucco,* duc, Vélay *ugou* (Cantal *ugue*), hibou; cf. Lux. allem. *Hugo,* id.;

anc. pr.[1] et fr. *duc* (XIIIe s.), dim. *duquet* (d'où fr. *ducquet*), *duganel, dugo, dugou* (Gasc. *digou,* strigiens en gén.); it. *ducco,* Piém. *duch,* à côté de *duso* (Brescia *düs*), dim. *doseul* (5e); Mil., Venise, Tyrol *dugo,* Frioul *dug,* à côté de *dut* (5g);

pr. mod. *tuc,* duc, dim. *tuquet* (d'où fr. *tuçquet*); Mil., Venise *tugo,* id.

g) Marne *cheute,* chouette (Roll. II, 39); pr. *chot* (chouot), hibou, *choto,* chouette; Monferr. *ciutt, sciutt,* hibou;

Catane *chiodu,* duc (suppose un type *chiot*); Gasc. *choudet,* id. (de *chot*), d'où fr. *choudet,* hibou.

h) Lorr. *hourant,* hibou; wall. *hourette* et *hurette,* hulotte, d'un primitif *hure,* id., qui survit dans le suisse allem. *Hûre* (Hôre), *Hüru,* hibou, et qui n'a gardé en français que les sens dérivés de cette notion (15); roum. *horez, hurez,* hibou (*ez,* suffixe diminutif).

6. Composés:

a) Des mêmes éléments, pour prolonger la durée du cri: Lorr., Isère *boubou,* hibou (Besançon, f. *boubotte*), à l'instar du lat. et anc. fr. *bubo* (de là, fr. *boubouler,* it. *bubbolare,* crier comme le hibou); Norm. *houhou,* hibou; cf. allem. *Uhu* (Huhu), Suisse *Hüru* (Hürhu), id.

b) D'éléments divers, pour renforcer le même cri: roum. *buhurez* (cf. allem. *Buhu,* Nemnich), et *ciuhurez* (cihurez, ciurez), même sens que le simple *hurez,* hibou (cf. allem. *Schuhu*); fr. *hibou* (XVIe siècle), Guern. *ibo,* Meuse *ebou* A. (= *huibou!* cri du chat-huant, 3; cf. Lux. allem. *Hubo,* id.); anc. fr. *hucheran,* Lorr. *houcheran* (cf. *cheran,* 1) et Landes *hourougou,* Gasc. *hourouhou,* hibou, à côté de *ouhec,* id., pr. *ahuco,* hulotte, Spezia *aüco,* id.

---

[1] La forme *duc* se rencontre déjà, au XIIIe siècle, dans le *Donat* provençal (*ducs,* dux vel quidam avis) et dans un écrit latin contemporain (ap. Ducange: Aves elegerunt regem quondam avem vocatam *Duc,* et est avis pulchrior et major inter omnes aves); l'anc. fr. *duc* se trouve d'abord dans Guill. de Monglane (Godefroy, *Compl.*). Sur la valeur des cris *dou* et *tou,* V. 8c (pigeon) et 8i (crapaud). Cf. pourtant l'allem. dial. *Grofsherzog* (Nemnich), à moins qu'il ne s'agisse ici d'une traduction littérale du nom français de l'oiseau, *grand duc.*

7. Certains de ces noms se rapportent au sifflement ou grincement des chouettes, et particulièrement au chuchotement prolongé de l'effraie, tels: Sav. *farou*, hibou (cf. fr. *frouer*, imiter le cri de la chouette), et *fiou*, petit duc (cf. pr. *fioula*, siffler, et russe *filinŭ*, hibou); Sic. *fuanu* (fuganu, fuchien), hibou (cf. alb. *fufufeica*, chouette); esp. *bruja*, port. *bruxa*, effraie, répondant au fr. *fresaie* (fressaie) et *fresaud* (XIIᵉ siècle), H.-Bret. *fersaie* et *fersâ* (= fersaud), pr. *fresago*, par l'intermédiaire du Poit. *presaie*, Gasc. *bresago*: le groupe *fers* (fres) ou *bers* (bres) traduit le bruissement[1] réitéré de l'effraie, son cri semblable au grincement d'une scie (cf. strix *stridula*). Et c'est de la même source que dérivent: Anjou *souffleur*, effraie (Roll. II, 47), Galice *ralo*, hibou (cf. fr. *râle*), et Auv. *rahcle*, id. (= *rascle*, râle), Sic. *striula* (= stridula), Sologne *gouttière*, chevêche ("à cause de son cri ordinaire *goutt!* quand il doit faire beau", Salerne), Anjou *clou*, chevêchette, Sologne *cloudet*, chouette ("à raison de son cri *cloutt!* qu'il répète continuellement la nuit", Salerne); Sav. *cloute*, petit duc (d'après son cri); cf. pr. *petavet* (petuvet), grand duc (de *petá*, claquer).

8. Une seconde catégorie de cette nomenclature exprime les rapports du cri des strigiens avec celui des oiseaux plus ou moins rapprochés d'eux, à savoir:

a) Du coucou, dont le cri plaintif se confond avec celui du hibou (cf. it. *cuccú*, cri du duc et du coucou, et *cuccuja*, nid du coucou et de la chouette; Doubs *coucou*, hibou A., et fr. *houhou*, espèce de coucou; alb. *čuki* et istro-roum. *tsuc*, coucou, du serbe *čuk*, hibou): Sic. *cucca* (Lecce *cuccuascia*), chouette, *cuccuni*, hibou, *cuccuvaja*, Naples *coccovaja*, chouette (it. *cuccovaja*, la légende du coucou), et *cuccuvíu* (Sic. *cuccufíu*), cri de la chouette (S.-Frat., coucou), répondant au gr. κικκαβαῦ, cri du hibou (Aristoph., *Ois.*, 262), κικκαβή (κακκάβη) et κίκυβος (κίκυμος, κικυμίς), chouette; bas-lat. *cucuba*,[2] noctua (Papias), d'où *cucubare*, huer, et *cucuma* (cucumagia), hulotte; it. *cuccuveggia* (coccoveggia) et *cuccumeggia*, à côté de *cuccumiau* (cuccumeu), ce dernier d'origine sarde; roum. *cucuvea* (cucuveică), *cucovetă*, *cucumeagă*, chat-huant; grec mod. κουκουβάϊα, chouette, alb. *kukumače*, serbe *kukuvika*, id.

b) Du corbeau, dont le cri a la même résonance lugubre: anc. fr. *choe* signifie à la fois chouette et corneille (Eust. Deschamps, IV, 318: Yeux de corbaut, noire comme une *choe*) et *chouette*, corneille (Cotgr.) et femelle du hibou (cf. Guern. *cahouette*, choquard) et, inversement, Orléan. *graillon*, chevêche (Salerne, p. 56), de *graille*, corbeau; de là

pr. *caucalo*, et *cava*, *caüs*, corneille et chouette (cf. *Roman d'Arles*, 402: Et el remas plus negre que corp ni que *caüs*); anc. fr. *cauwe*,

---

[1] Cf. anc. fr. *fruisse*, à côté de *bruisson*, bruit.

[2] Cf. encore Ducange: *cacabus*, avis nocturna quæ Galli *effraie* dicitur (= κακκάβη), et *caballi*, aves nocturnæ, hæ ululæ dicuntur (Papias), ce dernier probablement pour *cabani* (cf. pr. *caban*, id. 5 ᵇ).

Norm. *cauvette* (Cotgr.), Bessin *covette*, Pic. *couette*, corneille (= anc. fr. *chauvette*, chouette); cf. anc. allem. *kau*, *kawe* (bas-allem. *kauke*), néerl. *kauw*, corneille (angl. *kaw*, gémir, propr. crailler); cf. pol. *kawa* (slovène *kavka*), corneille;

pr. *chava* (chàuvio, charvio, chaio), corneille; Piém. *ciave* et *cioia*, Naples *ciavole*, id.; esp. *choya*, *chova*, id., et Suisse *chua*, *chuva*, freux; cf. anc. fr. et Sav. *chue*, *chuette*, corneille et chouette, Liège *chawe*, id., Sav. *save*, freux (*savaz*, choucas), et *farou*, hibou, en rapport avec le fr.[1] *freux* (= *fareu; 1493: *freu*), et esp. *zumaya*, choucas, propr. le *zu*[2] qui miaule; cf. serbe *čava*, corneille;

pr. *chaurilho* (les strigiens en gén.), Frioul *çore* (zore), corneille, catal. *xura* (= chura), hulotte, et anc. fr. *siure*, id.;[3] Côme *ciorla*, corneille et hibou (cf. alb. *soră*, roum. *cioară*, macédo-roum. *tsoară*, corneille); Sic. *scaramuletta*, chouette (muletta = it. *mulacchia*; pour l'initial *cara*, cf. Sic. *caragiai*, geai, p. 51 note);

fr. *chouc*, choucas (anc. *chucas*), petite corneille (cf. Quercy *chocou*, chouette), *chocotte*, id., *choucou* (chouchou), espèce de chouette, *chouquette* (chouchette), choucas, et *choquard* (anc. *chouquar*), Montbél. *tchouqueli*, id.; esp. *choncar*, choucas (Sarde *zonca*, hibou); cf. fr. le *chouchement* de la chouette, et le mha. *chouch*, hibou, en rapport avec l'angl. *chough*, corneille, roum. *ceucă*, *ciocă*, serbe *čavka*, id., Autriche *Tschokerl*, freux;

Piém. *croass*, corneille, et *cruì*, hibou.

c) Du pigeon, dont le *rou! rou!* langoureux rappelle le gémissement du hibou (*tou! tou!* cri de la chouette, Salerne): Sic. *tuttumíu*, cri de le chouette; Venise *tugare*, roucouler; cf. allem. *tuten*, frouer, et Suisse *Chutz*, pigeon (= hibou).

d) Du milan (le hibou et le milan huent et miaulent): anc. fr. *hua*, *huant*, *huart*, hibou, milan; Namur *chove*, milan (cf. Loire-Inf. *chovan*, hibou); cf. albanais *huti*, milan, et *hut*, hibou (Voir 1).

e) Du courlis (cf. .le cri de la chevêchette: *quirrr ...!*): pr. *chourouli*, chevêche (et *courouli*, courlis); it. *chiurlo*, Modène *ciurlo*, Lomb. *curlo*, hibou et courlis, Rom. *tururulù*, id.; cf. port. *curujo* (corujo), hibou (= curulho).

f) De la poule qui glousse (cf. Naples *cecavoccola*, chouette, propr. couveuse aveugle,[4] la vue de la chouette étant offusquée par la lumière du jour): Piém. *ciuss*, hibou (cf. *ciussi*, glousser), et *sèuta*, chouette (Sav. *sevìa*) et couveuse; Gironde *pioque* (tyoque, tyotte), id. A., en rapport avec le Béarn *pioc*, poussin; Char.-Inf. *quiouc*,

---

[1] L'aha. *hruoch*, corneille, d'où Diez tire *freux*, remonte en fait à la même origine imitative; *frouer*, d'ailleurs, s'applique au cri de la chouette.

[2] Ce *zu* répondrait à l'anc. fr. *choue*, *soue*, chouette; la variante *zumacayo* est un compromis entre *zumaya* et *cayo*, corneille (pr. *chaio*).

[3] Comenius, *Janua*, trad. Duez, p. 55: ... oiseaux nocturnes le hibou, le *siure*, le limarre, la cheveche ...

[4] Cf. esp. *gallina ciega*, bécasse (elle distingue mieux les objets au clair de la lune qu'au grand jour), et Pyr.-Or. *gallina cega*, râle noire, poulette d'eau (Roll. II, 355, 363), à côté du tchèque *slepka*, poule (= l'aveugle).

hibou (Roll., II, 49), et Lot-et-Gar. *kyoko*, chouette (= *cloco*, couveuse); cf., aussi, Norm. de Bayeux *chapon de lierre*, hibou (Roll., II, 50), et Sic. *piula*, chouette („celle qui piaule").

g) Le nom du hibou se rapproche également de celui de certains mammifères, dont la voix plaintive ou le sifflement rappelle son cri faible et triste; tout d'abord du chat (cf. Lorr. *chette do bo*, hibou, chatte de bois), dont les rapports avec les strigiens ont déjà été relevés (V. Chat, 9, et ci-dessus 5 ᵈ).

h) Du chien: Sic. *cuciuni*, hibou et petit chien (cf. Frioul *cagnass*, oiseau de proie), et esp. *chucho* (chucha), hibou et toutou;[1] pr. *caïnas*, grand duc, Aveyr. *coïnou*, chouette (de *caïnà*, geindre, glapir); fr. *hulotte* (XVIᵉ s., noté comme picard par Rob. Estienne), wall. *houlette* (oulette) et *holotte* (Cotgr.), *houlotte* (oulotte), de l'anc. fr. *huler*, wall. *houler*, hurler, à l'instar du lat. *ulula*, hulotte (de *ululare*, hurler).

i) Du crapaud, surtout du petit crapaud des jardins, dont le cri ressemble à celui du petit duc: Vienne *cloque*, chevêchette, Hainaut *clouque*, hibou (Luxemb.: crapaud), Valais *do* (deu), duc A., Sav. *doc*, id. (Yonne: *dò*, crapaud); Landes *gresale*, effraie (cf. pr. *graissan*, crapaud); May. *poule*, petit duc (*poutaud*, crapaud); pr. *choulo*, chouette (Gers *choulou*, crapaud).

j) Du bœuf, dont le mugissement rappelle le cri effrayant du grand duc: roum. *boŭ-de-noapte*, hibou („bœuf de nuit").

k) Enfin, des chèvres auxquelles, suivant la croyance populaire, les hibous dérobent leur lait (cf. lat. *amma*, strix, propr. nourrice,[2] et *caprimulgus*, espèce de chouette qui tète les chèvres): pr. *cabraraou* (capraraou), hibou, *cabraret* (cabreiret), hulotte, *cabriero*, chouette, propr. chevrier, chevrière; Aoste *chevrerou* (cheriou), hibou, et Valais (Suisse) *tsivrijouin* (tserijouin, tserbrejouin) A., id., probablement jeune chevrier; esp. *lechuza*, hulotte („celle qui tète"): cf. Tyrol allem. *Habergaiss*, effraie, et allem. dial. *Melker*, *Milchsauger*, chathuant (Nemnich).

C'est à la même origine que paraît remonter le pr. *calabrun*, hulotte (Honnorat), pour *cabrun*, tète-chèvre, interprété comme l'oiseau qui descend (*cala*) à la brune, la vie active des strigiens commençant avec le crépuscule.

On leur attribue, de même, l'habitude de boire l'huile des lampes suspendues devant les images des saints: pr. *beuloli* (Var *beuvori*), et *Jan l'oli*, effraie, Nice *sussa-lampas*, id.; cf. allem. dial. (Silésie) *Oeldieb*, effraie.

---

[1] Cf. Covarruvias: „Dixose *chucha* de la voz que deva ser *chu chu*." Diez, en rapprochant le mot du port. *chuchar*, sucer, y voit un reste de la croyance populaire attribuant à l'effraie l'habitude de sucer le sang des petits enfants (25).

[2] Isidore, *Orig.* XII, 7, 42: „Strix vulgo dicitur *amma* ab amando parvulos, unde et lac præbere fertur nascentibus". V. la note précédente.

9. Une troisième catégorie des noms romans des strigiens se rattache à quelques unes de leurs particularités physiques, à savoir:

a) Les aigrettes qui surmontent la tête de certaines espèces leur donnent l'apparence d'oiseaux cornus: fr. *cornerotte*, hibou, terme moderne d'origine dialectale, répondant au pr. *chot banu*, petit duc (= hibou cornu; V. aussi Chat, 70°); Gênes *testa da gatto*, hibou („tête de chat"), esp. *cornichuelo*, id.; cf. pr. *mounegueto*, chevêche („nonnain"), à cause du plumage serré qui couvre sa tête.

Ou d'oiseaux huppés: Bresse *cheupran*, hibou (cf. *cheupe*, huppe), Saône-et-L. *cheupron* A., Vosges *chaperon*, à côté de *huperon*, wall. *houperalle*, id., Sav. *loppaz*, petit duc (cf. Genève *luppe*, huppe).

b) Leur large face semble une caricature de celle de l'homme: Naples *facciommo* (sfaciommo), Sic. *facciomu* (facci d'omu), hibou, chouette („à la face humaine"); de là, aussi, leur désignation par des noms propres: Messin *chan* (Jean) *horan*, hibou, et *gliaudot*, Lorr. *diaute*, chevêche („Claude"), Poit. *Jon d'au bois*, moyen duc, appelé en Anjou *oiseau Jacques*, chevêchette (Roll., II, 52, 56); anc. pr. *barbajohan* (mod. *barbajan*), it. *barbagianni* (barbajanni), Vén. *barbazane* (Frioul *barbezuan*), hibou, propr. oncle Jean (cf. Sic. *papajanni*, *tatajanni*, sot); Sic. *jacobbu*, hibou (= Jacques); cf. albanais *djon*, hibou (= *Djon*, Jean), d'où gr. mod. γχιώνης, id.

c) Leur aspect maussade explique des appellations, telles que pr. et anc. fr. (1577) *grimaud*, hulotte (Avignon *grimauld*, Nemn.) et anc. fr. *grimaude*, chevêche (Cotgr.), du pr. *grim*, anc. fr. *grimauld*, triste, renfrogné; catal. *gamarous*, hibou, répond au pr. *gamarrous*, maussade (de *gamarro*, mauvaise humeur, V. Chat, 87).

d) Le hibou est grand chasseur de souris, sa principale nourriture, de là: Sav. *chasseton*, duc (Nemnich), catal. *mussol* et *soriguer*, grand duc (= ratier).

e) Dans la Champagne, on appelle la hulotte, *trembleur*, „parce que cette chouette crie en frissonnant comme tremblant de froid" (Salerne), tandis qu'elle porte, en sicilien, le nom de *pigra*, paresseuse, à cause de ses mouvements lents et lourds (Pic. *lutronne*, chouette, de *lutron*, lambin, musard); cf. pourtant, Parme *sorazza*, chouette, c'est-à-dire celle qui prend l'essor.

f) La corneille et le chat-huant, suivant la croyance populaire, se mangent réciproquement leurs œufs (cf. anc. fr. el *caus* manja de nuech les nous de la monedula); de là, pr. *bouletou* (Pyr.-Or. A.), hibou, répondant au Fr.-Comté *bolotou*, dénicheur, épithète donnée ailleurs au coucou qui passe pour manger les œufs des autres oiseaux (cf. Roll. II, 93, 116).

10. La fresaie est appelée vulgairement *oiseau sorcier* et *oiseau de la mort*, car, lorsqu'elle vole les pattes en l'air, c'est signe de mort pour celui qui l'aperçoit (cf. allem. *Toteneule* et *Leichhuhn*, fresaie); elle inspire l'effroi par son cri aigre et sinistre, de là: fr. *effraie* (de *effrayer*), pr. *aglai* et *esglari* (de *esglariá*, effrayer), esp. *espantadă* (suivant Nemnich, chevêche); sa fraise et son voile l'ont fait comparer à une religieuse: fr. *dame de nuit*, pr. *damo, damasso* („grosse dame"), Piém. *dama, dòna*, et Ossola *bella donna*, id. (cf. Bavar. *Nonne*, effraie); roum. *joimăriţă*, propr. fantôme du jeudi saint; enfin, Toulon *gardo-villo*, effraie (qui semble garder la ville du haut des tours, Roll., II, 46). Son synonyme, *orfraie*, désigne en réalité un autre oiseau de proie, dont la voix plaintive se rapproche du gémissement de l'effraie.

11. Finalement, un résidu de termes obscurs:

anc. fr. *canor* (?) et *thoon*, hibou;[1] fr. dial.: Lorr. *boulieron* et *champoneu*, hibou, Char.-Inf. *cossard*, chouette, Suisse *droblio*, grand duc; anc. fr. *limarre* (V. la citation 8[b]); Marne *teougnin*, hibou A.; Norm. *maute*, effraie (Du Bois);

it. dial.: Venise *taragnöla*, hibou, Sic. *ticcia* et Sarde *tonca*, chouette;

pr. *cadosco*, chevêche (Cévennes), *charcoun*, chouette (Dauph.; Sav. *tsarco*), *rispo* (ripo), hibou, *tartarasso*, hulotte; Pyr.-Or. (et catal.) *ruta*, hulotte; et principalement *machoto* (machoueto), chouette, anc. fr. *machette* (Cotgr.), Avignon *machette* (Nemn.), Hainaut *maouche* A., Ardèche *michoulo* (Drôme *nitsoulo*), Cantal *mitsowe* et Alpes-Mar. *mouechoulo*, id. A., ce dernier répondant à l'esp. *mochuelo*, hibou, port. *mocho*; toutes ces formes semblent dériver de la notion de miauler: cf. Hainaut *maouche* et port. *mocho* avec le pr. *maoucho* (cato), celle qui miaule (cf. encore Frioul *catuss*, hibou, probablement petit chat).

12. Les vues que nous venons d'émettre sur l'origine des noms romans des strigiens, diffèrent sensiblement des opinions généralement admises. Il n'est peut-être pas superflu d'en dire un mot. Jusqu'à présent on a envisagé seulement certains termes isolés du tableau d'ensemble présenté plus haut, et on s'est par suite privé de la lumière que projette tout groupement de faits similaires. C'est ainsi qu'on fait venir plusieurs de ces noms du germanique sans réfléchir qu'il s'agit ici d'un ordre de faits universel, auquel remontent à la fois les termes romans et germaniques.[2] Qu'il nous soit permis de présenter quelques réflexions à cet égard.[3]

Mackel renvoie, par exemple, le pr. *cau* (chau), anc. fr. et dial. *cave*, mod. *choue*, à un type germanique *kawa*, corneille, tandis que Diez se bornait à dire: „le radical peut être germanique"; Caix

---

[1] Thomas, *article cité*, p. 249. Cf. pour le second, 8[c].

[2] Cf. Ulysse Aldrovandi, *Ornithologia*, 1646, vol. I, p. 498: „Quod ad avium harum nocturnarum appellationem attinet, videre licet pleraque per onomatopeiam conficta esse, uti etiam aliarum nonnullarum, quales sunt cuculus, upupa, corvus; sed harum præcipue, idq. non in unius gentis, sed quam plurimarum idiomate. Gratia exempli: Græcis βύας, *bubo* et *ulula* Latinis, *hibou* Gallis, Germanis *Eul, Uul, Huru*, omnia a sono avis vocabula formata sunt."

[3] Voir, dans Koerting, les renvois pour une partie des étymologies citées ci-dessous.

dérive l'it. *chiurlo*, de l'allem. *Quirl*, moulinet (l'acception secondaire de „pirouette" est une image tirée de la notion hibou, 20), et Diez identifie le fr. mod. *courlieu*, courlis (Pic. *corlieu*, Sarde *curruliu*, it. *chiurli*), oiseau nommé d'après son cri, avec l'anc. fr. *corlieu*, courrier („qui court les lieux"); Braune fait remonter à un type germanique *gufan*, crier, l'it. *gufo*, que Diez tirait de l'aha. *hûf* (hûwo), chouette. Diez constate, à propos de *huette*, que *hu* est une onomatopée à laquelle appartient également l'aha. *hûwo*, „d'où peut-être *huette* est une dérivation immédiate". En réalité, le roman et le germanique ont puisé à la même source.[1]

Voici maintenant quelques autres interprétations. Diez faisait remonter l'esp. *buho* (port. *bufo*) au lat. *bubo*, influencé par l'aha. *bûf* et *hûf*; Ménage dérive l'it. *assiuolo* de *asius*, asiatique (le mot latin aurait donné *agio*; d'ailleurs l'*a* est adventice, 4[a]). On répète depuis Scaliger (V. Ménage), que *fresaie* représente un lat. vulg. *præsaga* („à cause que cet oiseau est de mauvais présage"), sans penser que cette acception figurée possible en latin, lequel cependant l'ignore, était impossible en roman où le mot au sens propre n'existe pas. La Crusca (et Ménage) rapproche *barbagianni* du mot *barba* („dalla barba ch' egli ha sotto il becco"); Ferrari y voit un compromis des mots latins *bubo* et *asio*, et Zambaldi le tire directement d'un fr. imaginaire *barbe à Jean*.[2]

Tout aussi curieux sont les avis sur l'origine du nom de l'oiseau *duc*: „On le nomme un *duc* en françois possible quasi comme s'il estoit conducteur de quelques oyseaux, quand ils partent pour s'en retourner en estrange païs" nous dit Belon (*Histoire des Oyseaux*), et son explication a passé dans Littré; „mais, ajoute Ménage, les oiseaux de nuit ne voyant presque point le jour, cet *otus* était un mauvais guide". Enfin, Thurneysen rapproche *hibou* (et anc. fr. *houpi*, catal. *siboc*) d'un breton hypothétique *hibôk* (irl. *seboc*); en fait, *hibou* est la forme réduite du cri redoublé du grand duc (Diez y voyait déjà un mot imitatif), tandis que le terme catalan répond au pr. *cibec*, chevêche (4).

13. En passant aux idées que les peuples romans ont tirées des notions hibou et chouette, nous commencerons par faire ressortir les acceptions se rapportant aux faits et gestes des strigiens; nous examinerons ensuite les défauts et qualités qu'on leur attribue, et nous finirons par relever les idées superstitieuses que le vulgaire attache aux nocturnes et qui en ont fait un objet de réprobation.

---

[1] Voici un spécimen de la même tendance unilatérale: „*Schuhu*, hibou, allemand moderne, emprunté au fr. *chouette*, influencée par *Uhu*" (Kluge). Cf. Kirchhoff (ap. Grimm: Die Eule liefs schrecklich ihre Stimme hören, *Schuhu-Schuhuhu!*) et Grimm, *Märchen*, 69 (Eine Nachteule schrie dreimal: *Schu-hu-hu-hu!*). Voir aussi Weigand, au mot *Schufut* (cf. 22, gredin).

[2] De Gregorio (*Studi glottologici*, III, p. 239, 249) dérive *barbagianni* de l'arabe *bab(a)gâ*, perroquet, et son synonyme sicilien *jacobbu*, de l'ar. *ya'koub*, perdrix mâle.

L'aspect étrange et triste de certains strigiens ont suggéré les notions de

farouche: wall. *cahu* (Blais. *chahu*), homme grossier, rustre, anc. fr. *cahuaille*, volée de hibous (Cotgr.) et canaille (Rabel., III, prol.: *cahuaille* au diable!); fr. *chat-huant*, personne d'une figure hideuse et d'un caractère sauvage, et *chouan*, nom donné aux séditieux de la Vendée (pendant la Révolution); Norm. *chavouillard*, rustre, Bessin *huan*, homme sauvage, anc. fr. *huaille*, canaille, encore employé par Voltaire (V. plus haut *cahuaille*);

maussade (cf. triste comme un hibou): H.-Bret. *chouan*, homme sournois, Berr. *chouet*, grave, sérieux (des enfants, propr. petit de la chouette); cf. Mayen. *chognard* (= chouinard), *sognard*, maussade (Poit. *chougner*, *sougner*, avoir l'air triste); pr. *amachouti*, sournois, sombre, *chotá* (chouta), être sombre (*choutaire*, taciturne), et *nuechour*, silencieux; Pist. *ragguffato*, renfrogné (et couvert, du temps); esp. *buho* (port. *bufo*), mélancolique);

solitaire (cf. vivre seul comme un hibou): fr. *chat-huant*, *chouette*, *hibou*, celui qui vit isolé; pr. *cahus*, misanthrope; it. *gufo*, esp. *buho*, port. *bufo*, id.; cf. allem. *Kauz*, homme bizarre.

14. Les yeux larges et saillants des strigiens sont dirigés en avant, et non sur le côté comme chez les autres oiseaux; la lumière du jour les blesse[1] et les force à fermer leurs paupières à demi, parfois entièrement (cf. rouler les yeux comme une chouette qu'on oblige à regarder le soleil). Eveillés du demi-sommeil dans lequel ils restent plongés durant le jour, ils considèrent fixement, de leurs yeux grandement ouverts, l'objet qui a attiré leur attention, ou le regardent en clignant (cf. Hainaut *il a des yeux comme un cat-huant*, des yeux fixes, fort ouverts et immobiles); doués la nuit d'une vue pénétrante, ils errent en aveugles en plein jour (le Napolitain appelle la chouette *poule aveugle*, 8[f]). De là,

borgne: pr. *cabanel*, id., et *chavantu*, qui a les yeux enfoncés comme le hibou; Sic. *occhi di cucca*, yeux myopes („yeux de chouette");

cligner (des yeux): Vosges *chouotter*, ciller les yeux, et pr. *faire lis uei de machoto*, avoir les yeux clignotants et gonflés par le sommeil; port. *bruxolear*, trembloter (de la lumière), et *bruja*, veilleuse (= effraie);

crépuscule (le temps où les chouettes sortent de leurs retraites): pr. *calabrun*, id., propr. hulotte (8[k]); cf. allem. *Eulenflucht*, crépuscule („tempus quo evolant noctuæ", Grimm);

épier, regarder attentivement: Poitou *bouliter* („regarder avec mystère les passants par une petite ouverture", Favre), en rapport avec le pr. *bouletou*, hibou (9[f]); it. *alloccare* (= *civettare*, regarder ça et là comme une chouette), *luccherare* (d'où *lucchera*, regard,

---

[1] Cf. Boèce (dans Godefr., *Complém.*): ... la *suette* Dont la clarté du soleil nette Aveugle les yeux.

mine: Naples *luccaro* = *alocco*), Pist. *loccheggiare*, „star guardando et spiando come di sottecchi" (Petrocchi), et Piém. *oloché* ou *fè l' oloch* („faire le hibou"); esp. *buhar*, épier (d'où *buharda*, lucarne) et argot dénoncer (d'où *buho*, délateur).

15. La tête des hibous est couverte de touffes de plumes qui lui donnent l'apparence d'une tête hérissée ou ébouriffée; de là,

brosse: fr. *hure*, primitivement hulotte (5 [h]); cf. allem. *Eule*, balai à poil doux;

coiffe: anc. fr. *cahuet* („petit du hibou"), capuchon de moine, *chouette*, sorte de coiffure (XVIIᵉ s.), et *hure*, bonnet [1] de prêtre (= hulotte); it. *gufo*, aumusse (= hibou); cf. allem. *Eule*, bonnet d'enfant, *Eulennest*, perruque, et *Kauzhut*, chapeau en feutre des prêtres; Suisse allem. *Chutz*, bonnet fourré (propr. hibou);

tête (hérissée): Guern. *cahuche*, tête (= May. *chahuche*, hibou), et fr. *hure*, primitivement tête de hibou (*Rose*, 5999: li chahuan o sa grant *hure*), ensuite de loup (cf. *hurlupé*, hérissé), de sanglier, etc., appliquée ironiquement à l'homme (*Robert le Diable*, ap. Diez: la gent barbee et *ahurie*); le sens propre de *ahurir* est rendre hérissé d'effroi; cf. Suisse allem. *Chutz*, cheveux ébouriffés et personne ébouriffée (aussi *Hüru*);

toupet (et huppe): roum. *buhă*, toupet, et cheveux ébouriffés (le roum. *buhos*, anc. *ciuhos*, ébouriffé, hérissé, répond à l'anc. fr. et Norm. *huré*, id.), et *ciuf*, *ciof*, id.; cf. allem. Suisse *Huwel* (= *Eule*), personne aux cheveux ébouriffés.

16. Les cris de détresse que les hibous poussent le jour lorsqu'ils errent à la recherche d'un refuge, et les voix sinistres qu'ils font entendre la nuit lorsqu'ils rôdent à la poursuite de leur proie, ont laissé des traces en roman:

huer (crier comme un hibou): anc. fr. *huner* (= huaner), bouboler; Berr. *acahuer*, *cahuaner*, huer et poursuivre de cris, *cahuler* (et wall., Namur et Hain. *chahuler*), huer et crier de douleur, en parlant du chien (Hain. criailler), *cahuter*, id. (Vendôme *chahuter*, crier comme un chat-huant), *chavoner* (achavonter), huer; wall. *chawer*, Nam. *chaweter*, criailler, et *chouheler* (Liège, Morv. *chouler*), appeler en criant (Morv., imiter le cri de la chouette); Vendôme *chavauder*, poursuivre à grand bruit, Suisse *lutseihi*, imiter le cri de la chouette (d'un thème *luche*, abstrait de *lucheran*, hibou, 1), et pousser des cris de joie; — pr. *choucá*, huer (du hibou), et *alucá*, appeler en criant, Abr. *aluccá*, crier, Naples *aloccare* (alluccare), bouboler (*alucco*, cri strident), Marches *luccà* („gridare a squarciagola"); — it. *chiurlare*, *chiucchiurlare*, huer (du duc) et imiter son cri,[2] *gufare*, *gufeggiare*, bouffer, souffler (du hibou): cf. Yon. *agouffer*, parler d'une voix

---

[1] V. pour ce sens, Bugge (*Romania*, IV, 361), qui fait remonter le mot au norrois *hûfa*, coiffe (d'où, du reste, anc. fr. *huve*, id.).

[2] Braune (*Zeitschrift*, XVIII, 528) tire *chiurlare* de l'allem. *kurreln*, gronder.

entrecoupée par la colère (se dit aussi d'un chien qui se jette sur qn. la gueule ouverte, en aboyant avec furie); — roum. *buhăi*, huer, hurler (cf. Poit. *bououner*, boubouler), *ciohăi*, gémir (de la chouette) et *strigă*, crier en général,[1] primitivement huer (des *striges* ou effraies); cf. Suisse allem. *huren*, *hauern*, huer (de *Hure*, hibou);

pleurnicher: Yon. *choucasser*, propr. gémir comme un choucas (wall. *chouquesser*, chanter avec grands éclats de voix, comme les pinsons), et wall. *chouler*, pleurer à chaudes larmes (Nam. *chahuler*, pleurnicher); Terraman. *alluccá*, se plaindre;

vacarme (cf. Hain. *faire une vie de cat-huant*, faire beaucoup de tapage): Pas-de-C. *cahue*, wall. *cahu*, bagarre, fr. pop. *chahut* (abstrait de *chahuter*, V. huer); pr. *chafaret* (sofaret), Poit. *chafrè*, propr. cri du *chafarou*[3] ou *tsafarou*, chat-huant (V. Chat, 70°), et *chauriî*, Lim. *chariî*, vacarme, et sabbat des sorciers (de *chaurio*, nom collectif des strigiens); Naples *alluccata*, Marches *luccareccio* et it. *chiucchiurlaja*; roum. *buh*, *buhnet*, vacarme, cri (primitivement du hibou); de là, aussi,

danse échevelée: fr. pop. *chahut* (H.-Maine: danse des sorciers autour du diable) et *chahuter*, danser en imitant le cri du chat-huant; roum. *ciufu* („hibou"ɉ et *şuşuşu* (cri de la chouette), noms de danses rustiques (Jipescu, *Opincar*, p. 52); cf. anc. gr. σκώψ, petit duc et sorte de danse.

17. Dans les arbres, les strigiens prennent les positions les plus diverses: ils se baissent, se relèvent, tournent la tête en tous sens, ou l'inclinent d'une façon très divertissante pour le spectateur. Ces gestes comiques en présence de l'homme et des autres oiseaux, Pline les attribue au *scops* (la *Posseneule* des Allemands), le plus charmant de tous les strigiens; il appelle (X, 49) *satiricos motus*, ses mouvements de tête qu'Aristote comparait déjà aux gestes des danseurs. De là,

bouffon (bouffonerie): it. *alloccheria*, tours ridicules du hibou; anc. roum. *ciof*, *ciuf*, bouffon;[4] rapprocher esp. *chocarrero* (port. *chocarreiro*), bouffon, et port. *choca* (esp. *chueca*), bruffonerie, du pr. *choc*, hibou; et esp. port. *chulo*, plaisant, du pr. *choulo*, chouette; cf. allem. *Eulenspiegel* („miroir de la chouette"), surnom d'un bouffon populaire du XIVe siècle, et anc. allem. *Kauz*, atellanus, scenicus, ludius, mimus (Junius, 1577);

railler: it. *civettare*, *guffare* (gufeggiare), *sgufare*, et anc. *soiare*, gausser (Duez; V. caresser, 21); Piém. *ciolé* (cf. *ciò*, duc), Sic. *cucchiari*, *cuccuniari* (it. *cucculiare*, id., propr. coucouer 8ᵃ), et *lucchiari*;

---

[1] Cihac: *strigare* > *exquiritare*.

[2] Mistral dérive *chafaret* de l'hébreu *schofar*, trompette synagogale (cf. *charivari*, p. 81), ou de l'arabe *sofar*, mois où les musulmans célèbrent l'anniversaire de la mort du prophète (cf. *ramadan*, p. 81).

[3] Gaster, *Chrestomathie*, II, 360: „Craiul au zîs cătră măscăreţul, cătră *cioful* său . . ."; et Şincaî (ap. Damé): „Polata împărătească au umplut'o cu *ciufî*."

Naples- *cucca*, raillerie (= chouette); la chouette, en butte aux attaques des autres oiseaux pendant le jour, se laisse assaillir et frapper sans se défendre: cf. fr. *il est leur chouette*, il est en butte à leurs railleries, répondant au Sic. *essiri la cucca di tutti* et au pr. *estre la machoto*, être le souffre-douleurs; cf. anc. gr. σκώπτω, railler, moquer (de σκώψ, petit duc);

termes de jeu: anc. fr. *au hibou* et *à la cheveche*, jeux d'enfants mentionnés par Rabelais (I, 22), fr. mod. *chouette*, jeu analogue au jeu de l'oie, et joueur qui joue seul contre deux autres (allusion aux attaques que les oiseaux dirigent en troupe contre une seule chouette), *jeu de la chouette*, jeu de dupe (c.-à-d. à qui plumera son compagnon, Oudin); Blais. *chouine*, sorte de jeu de cartes, et Aunis *fresaie*, le neuf de pique (parce qu'il est supposé porter malheur); it. *fare* (*giuocar*) *a civetta*[1], jouer à s'entre-frapper (pr. *javanè*, calotte, et it. *ciurlotto*, id., propr. coup de hibou), et *goffo*, jeu de prime; roum. *bufna*, jeu d'enfants (V. Tiktin); cf. Suisse allem. *hüwele*, jeu de cartes (de *huwel*, chouette).

18. Le chant du hibou et de la chouette annonce, suivant la croyance populaire, le froid, l'orage, le vent; de là,

froid (cf. *trembleur*, nom champenois de la hulotte, parce que son cri ressemble à celui d'un homme transi de froid, 9 e): roum. *il bea buha*, il gèle („la chouette le boit", Marian, I, 209), et pr. *a arrapa la chiveco*, il s'est enrhumé („il a attrapé la chouette", c.-à-d. le froid);

orage: pr. *chavano*, bourrasque, nuée d'orage, ondée passagère (= chouette), Bessin *chivan*, oiseau de tempête (= chouan), par étymologie populaire, *chie-vent* (Roll., II, 385);

vent (cf. *houhou*, hurlement de vent): pr. *rispo*, vent glacé, bise froide (= hibou; *faire la rispo*, siffler d'une voix stridente), *rispa* raidi par le froid, et *groua* (prene) *la cibeco*, se morfondre à la bise, prendre froid en attendant dehors (cf. allem. *eine Eule fangen*, terme de marine, prendre vent devant).

19. Le trou du hibou, le terrier de la chouette et le repaire (tapissé de feuilles et d'herbes sèches) du grand duc, ont fourni la notion de bouge, cabane (cf. *nid de hibou*, vieille masure inhabité): fr. *cahute* (XII e s.: *chahute*, XIV e: *quahute*, XVI e: *cahuette*), d'une forme *cahue*, chouette (cf. wall. *cahu*, hibou), Pic. *cahoulette*, petite cabane roulante de berger; pr. *machoto*, bouge (= chouette); esp. *buhio*, cabane („nid de hibou").

20. Applications techniques:

chasse à la pipée (des chouettes ou des chevêches attachées près des filets, des pièges ou des gluaux servaient jadis de leurres pour les petits oiseaux, lesquels, accourant à leurs cris, venaient se

---

[1] Cf. Vénitien, XV e siècle, *zogare alle goffe*, mit den fewsten spielen (Mussafia, *Beiträge*, p. 65).

prendre et s'empêtrer): Berr. *chavon*, instrument en terre cuite (de la forme d'un hibou) pour attirer les oiseaux, et *chavonner, chouer, chuer*, piper (en imitant le cri de la chouette), anc. fr. *chouer*, attraper (Montaigne), et anc. argot *choué*, pris (comme l'oiseau au gluau); anc. fr. *huant*, maquette (ayant la forme d'un hibou); pr. *cabanaire* (cabanié) et *choutaire*, oiseleur à la pipée; it. *chiurlo* (,,hibou"), chasse à la pipée, et *civettare*, leurrer, amadouer (et apprivoiser); port. *bufo*, engin pour prendre des oiseaux, et esp. *chuchear*, chasser à la pipée;

termes de marine: tomber à la renverse (les strigiens attaqués se renversent sur le dos et se défendent avec les ongles, position des oiseaux de proie[1] réduits à l'extrémité): fr. *cabanner*, renverser, chavirer (1783), terme d'origine provençale (cf. *caban*, hibou, 5ᵇ), répondant au fr. pop. *chahuter*, renverser, culbuter (V. vacarme, 16); Morv., Yon. *chouer* (choueter), tomber, et fr. *échouer* (XVIᵉ siècle), tomber sur un écueil;[2] cf. Norm. *chouler*, id. (Littré, *Suppl.*: le bateau, *choulé* le long des forts, pouvait se briser).

Termes speciaux:

birloir (loquet de bois, V. pirouette): it. *nottola* (nottolina);

chaufferette (l'effraie, au repos, se tient accroupie): port. *bruja*, couvet (= effraie);

écrou d'un pressoir: pr. *machoto* (,,chouette"), qui signifie encore: poinçon d'une ferme (charpenterie);

pirouette (la chouette, tirée par la corde, fait une pirouette): it. *ciurlo* (= *chiurlo*);

vase pour l'oing (charronnerie): pr. *machoto*.

21. Autres faits relatifs aux strigiens:

se blottir (la chouette, au repos, est comme ramassée sur elle-même): it. *gufarsi*, et ,,se cacher";[3] Galice *acurujar* (de *curujo*, hibou); cf. allem. *kauzen*, se tapir, et serbe *čučati*, id. (de *čuk*, hibou);

bouder (cf. pr. *far li cabano*, froncer les sourcils, propr. faire la chouette, et *chavan*, accès de colère): May. *chougner*, Poit. *cheugner* (V. maussade, 11); roum. *bufni* (îmbufni);

caresser (le hibou et la chouette sont des parents très tendres et défendent leurs petits au prix de leur vie): anc. fr. *chouer* (et Berr.), *chouyer* (et Morv.), *chuer* (et Pic., Morv. *chuyer*) et *suer*, mod. *choyer* (Nicot *choier*), forme littéraire à partir du XVIIᵉ siècle (= anc. fr., Morv. *chouyer*), répondant à l'anc. it. *soiare* (d'un type anc. fr. *souyer* = *suer*) ou *dare la soia*, cajoler (,,è voce veneziana",

---

[1] Cf. bas-lat. *cucubare* (de *cucuba*, chouette), caput in terram defigere pedibus sursum erectis (Hierolexicon Macri, ap. Ducange). Cf. Pline, *Hist. Nat.*, X, 19: (les chouettes entourées par de nombreux oiseaux) resupinæ pedibus repugnant collectæque in arctum, rostro et unguibus toto teguntur.

[2] L'apparition tardive du mot exclut toute dérivation du latin (V. Koerting s. v. *excautare*).

[3] Salvioni (*Romania*, XXVIII, 96) rapproche *gufarsi* ,,rimpiattarsi" du Sic. *accufarisi* (= it. *accovolarsi*).

Ménage), à l'instar de *accivettare*, flatter; le terme *choyer*, au sens de flatter et de soigner, ménager,[1] est donc une image tirée de la tendresse maternelle de la chouette envers ses petits et de l'esprit de prévoyance du hibou, lequel, sobre et prudent, épargne la veille quelque chose pour le lendemain (cf. La Fontaine, XI, 9); de même: May. *souattoner*, flatter (de *souatte*, chouette), et Genève *chougner*, dorloter (= chouiner); pr. *chaurilha*, cajoler, Sic. *cuccuniari*, flatter, mignarder; cf. allem. *den Kauzen streichen*, flatter, caresser (XVe au XVIIe siècle);

dormir debout (hocher la tête de sommeil, à la manière des hibous): pr. *chouca* (et *s'achouca*, s'assoupir), *chouta* (chota), id., *choutaire*, personne à moitié endormie;

échouer (ne pas réussir): it. *incivettire* „riuscir vano, come gli auguri che si tolgono dal cantare della civetta" (Fanfani);

s'enhardir (comme la chouette à la pipée): it. *incivettire*, propr. devenir chouette;

s'évanouir (perdre le sentiment comme les strigiens attaqués le jour par les autres oiseaux): pr. *estavani*, se pâmer, stupéfier (cf. Sav. *stavan*, hibou);[2]

flairer (et quêter): May. *chouagner*, mettre le nez partout; Sic. *cucchiari*, *cuccuniari*, flairer, quêter;

gratter: Pic. *choer* (cf. anc. fr. *chuer*, caresser);

manger sans mâcher (comme les chouettes): it. *mangiare* (fare) *come la civetta*, id.; roum. *ciofăi*, faire du bruit avec la bouche en mangeant;

reculer: Norm. *chouiner* (= faire comme la *choe*);

relever les oreilles (la chouette, éveillée de son demi-sommeil du jour, relève les plumes de ses oreilles, en tournant la tête de tous les côtés): fr. *chauvir* (XIIIe siècle, de *chauve*, chouette), à côté de *chovir* (chouir) et *chauver* (chouer), agiter les oreilles en les dressant et en les abaissant („de *choe*, chouette, à cause de ce mouvement de plumes qui figure ses oreilles", Littré); pr. *chaurilha*, chauvir, et écouter attentivement (sans se montrer).

22.   Qualités et défauts attribués aux strigiens:

avare: port. *bufo*; cf. allem. *Kauz*, et pol. *syc*, id. (= tchèque *syč*, chouette), albanais *štrik*, avare (= hibou);

beau (certaines chouettes sont d'une beauté remarquable; cf. Rabel. III, 14: Ma femme sera coincte et jolie comme une belle et petite chouette): fr. pop. *chouette*, beau, excellent, cf. Genève *chougnet* et *chouquet*, gentil, mignon (des enfants);

coquet (comme la chouette qui leurre les oiseaux en faisant des signes avec la tête): anc. fr. *chouetter*, it. *civettare* (= far la

---

[1] Le sens de ménager, épargner, conduit à celui d'esquiver (Monet: *choyer* une chose, Norm. *couiller*, Guern. *couailler*). Havet (*Romania*, III, 331) sépare *chouer* de *choyer*, en faisant remonter ce dernier à un type *cavicare*.

[2] Suivant Hennicke (dans *Miréio*, éd. Koschwitz), du lat. *evanescere*, s'évanouir.

civetta) et *coccoveggiare*, Sic. *cucchiari* (cuccuniari), chercher à plaire, coquetter; it. *allocco*, muguet (*alloccheria*, minauderie), et *civetta*, coquette (*civetteria*, coquetterie, mignardise), *civettino*, dandy („petit de la chouette"), et *civettone*, accroche-cœurs, godelureau („grosse chouette"), Naples *coccovaja*, grande coquette; pr. *choucard*, amant („choucas"), et esp. *chucheria*, colifichet (= coquetterie); cf. Suisse allem. *Hüru*, chouette et révérence;

courbé (attitude des strigiens): Vén. *gufo* („incurvato leggier-mente della persona"), propr. hibou;

étonné (le hibou reste perché sur sa branche, immobile et ahuri): Berr. *chouet*, capot, penaud („petit de la chouette"); pr. *amachouti*, immobile, *estavani*, stupéfier (21), et *faire lou du*, être ahuri (= faire le duc); it. *allocchire* et *rimaner goffo* (il gufo), Abr. *'ngufanarse*, devenir muet, rester immobile; Parme *far da locch*, de-meurer coi, et *trar locch*, stupéfier; cf. Vén. *chiò! chiò!* iron. int. „che denota maraviglia" (Boerio), et Bayonne *esparboulat*, effaré, étourdi (allusion aux petits oiseaux qui ne savent plus où donner de la tête quand ils aperçoivent un oiseau de proie; Roll., II, 36);

gonflé (le hibou a l'air d'être gonflé par le sommeil): roum. *buhăi*, bouffir (*buhav*, gonflé), et *bufnesc*, s'enfler;

gredin: it. *ciofo* („uomo di condizione spregiata"),[1] répondant au roum. *ciof*, hibou et coquin (V. Tiktin); cf. allem. *Schuft*, id. (bas-allem. *schuft, schuvût*) en rapport avec *Schúfut* (bas-allem. *schufût, schuvût*), hibou (5°);

ivre (cf. pr. *ubriac coumo uno chuito*, gris comme une chouette): Auv. *chouc*, ivre, Mil. *ciocch*, id., Piém. *ciuc*, cuite, propr. hibou; it. *ciucca*, id. (*prender la ciucca* = pr. *prene la machoto*);

lourdaud (la hulotte est lourde et lente dans ses mouvements; cf. Sic. *pigra*, chouette, propr. paresseuse, 9°): it. *goffo*, grossier,[2] d'ou fr. *goffe* (XVIᵉ s.: un aussi *goffe* ouvrier et ouvrage), esp. *gofo*; et *goffeggiare*, bousiller; Dauph. *chotié*, gaucher;

rusé (cf. H.-Bret. malin comme une chouette): it. *accivettato*, dégourdi, rendu sage par l'expérience (comme les oiseaux attirés par la chouette, qui ont trouvé le moyen de se tirer d'affaire); cf. fr. *déluré*, primitivement de l'oiseau qui n'approche pas du leurre;

silencieux (les hibous volent sans bruit au-dessus du sol): pr. *faire lou du*, rester silencieux (V. étonné);

sot (la plus faible lueur blesse l'énorme pupille des hibous et les plonge dans une apathie complète, de là leur embarras quand ils se trouvent fourvoyés en pleine lumière): anc. fr. *huet*, sot (Marot), *houhou* (Chapelain, ap. Littré: plus sottes que des *houhous*) et Suisse *gnauca* (nioca), fille ou femme sotte (= chouette, V. Chat, 102°);

---

[1] Diez dérive *ciofo* de l'allem. *Schuft*.
[2] Marchesini (*Studi di filologia romanza*, II, 4) identifie it. *goffo* avec Vén. *gufo* (V. courbé), en les faisant remonter à un type commun: *gubbus* (*gufus*) pour *gibbus*; Braune (*Zeitschrift*, XVIII, 524) rapproche *goffo* d'un type germ. *goff*, regarder bouche bée (d'où bavar. *goff*, badaud, auquel renvoyait déjà Diez).

pr. *cabanel, cabec, cibec* (d'où it. *cibeca*,[1] Piac. *zibega*, blasé, propr. chevêche), *chot, choulo, du* (duganel), *loco* (et „fou, insensé"), *nichoulo*; — it. *allocco* et *locco* (Piém. *louc, oulouc*, Monferr. *urucch*), *assiolo* (capo d'), *barbagianni*; *chiurlo*,[2] *ciurlo*, Vén. *chiusso* („dormiglione"), it. *civettone, goffo* (gofo, gufo); Rom. *turululù*; Parme *ciò* („hibou"), Sic. *cucca* („chouette") et Gênes *testa da gatto* (= hibou); réto-r. *püf*, id., et Frioul *catuss* (= hibou); — esp. *loco* („fou": port. *louco*, sot), d'où *loquear, locura* (alocado, enloquecer);

voleur (cf. larron comme une chouette): Vendôme *chouette*, maraudeur de nuit, braconnier, fr. (argot) *hibou*, voleur de nuit; pr. *chabanel* („hulotte"), écorcheur des bêtes mortes trouvées dans la campagne (cf. *faire la tartarasso*, rôder, marauder); it. *nottolone*, rôdeur de nuit (Sic. *alluccari*, escroquer), et esp. (argot) *lechuza* („hulotte"), voleur de nuit, et (iron.) alguazil.

23. Quelques noms d'oiseaux, rapprochés des strigiens à cause de leur plumage, à savoir:

buse: Lorr. *chouatte* (= chouette) et Anjou *cossarde* (de *cossard*, hibou); pr. *tartarasso*, propr. hulotte; cf. russe *skopa*, faucon, avec gr. σκώψ, hibou;

chauve-souris: wall. *chawe-sori* (Namur *chehau-sori*), propr. chouette-souris; it. *nottola* (nottolo, nottolone), répondant au gr. νυχτερίς, lat. *vespertilio*; et Naples *facciommo*, propr. hibou (9); Côme *taragnöla*, id. (11);

engoulevent (appelé „tette-chèvre", 8[k]): Norm. *fresaie*; pr. *nuecho* et *nichoulo, choulo* et *tartarasso* („hulotte"), à côté de *cabrilhau* (8[k]); it. *nottolone* („grande chouette"); cf. russe *lelek*, engoulevent, et pol. *lelek*, hibou;

fauvette: Pignerol *sivitoula* A. (Piém. *sivitola*, chouette);

huppe (9): anc. fr. *ulule* (XVe s.), Modène *sorazza* (Parme „chouette", 9e); esp. *buho*, hibou et huppe; cf. alb. *čokj*, chouette et huppe;

papillon: istro-roum. *ştrigă* (Weigand, VII, 353), propr. sorcière (25); cf. écossais *witch*, papillon de nuit (= sorcière);

plongeon arctique (à cause des cris qu'il pousse): *huard* (Cotgr.), propr. hibou;

vanneau (oiseau nocturne, timide et criard): Piém. *cru̇*, propr. hibou (9[b]); roum. *ciovlică*, vanneau (= *ciovică*, hibou, 5[a]).

24. Applications isolées:

cœur (la face de l'effraie est en forme de cœur): fr. (argot) *chouan*;

enfant (V. caresser, 21): pr. *machoulin*; anc. fr. *grimaud*, petit

---

[1] Horning (*Zeitschrift*, XXI, 453) dérive it. *cibecca* du lat. *cibus*, nourriture. L'acception du dial. *zibega* („schifiltoso nel cibo") est une simple restriction du sens général.

[2] Caix (*Studi*, 270) dérive *chiurlo* „uomo semplice e buono a nulla" de l'anglo-saxon *ceorl*, rustre; Schneller (p. 164) identifie son correspondant tyrolien *ciorlo*, sot, avec l'allem. *Quirl*, moulinet.

écolier (XVIe siècle), et Suisse allem. *ABC-Chutz*, id. (de *Chutz*, hibou); cf. anc. fr. *marmoset*, id. (p. 95) et Piém. *prima mignin*, première école enfantine (= premier minet);

monnaie d'or (les yeux de la chouette étant d'un jaune clair): it. (occhi di) *civetta* et Sic. *luccari* („danari"); anc. gr. γλαύξ, monnaie (portant l'empreinte d'une chouette);

nature de la femme (terme euphémique): Côme *loch* (= it. *alocco*).

25. Des idées superstitieuses et lugubres sont attachées aux nocturnes: ce sont des oiseaux de mauvais augure, dont les gémissements sont des présages funèbres; le fait que les strigiens étanchent parfois leur soif avec le sang de leurs victimes a donné naissance à la croyance populaire qui les représente comme des vampires suçant le sang des petits enfants; d'un autre côté, les sorcières peuvent prendre la forme de la chouette et surtout de l'effraie; de là,

diable (cf. Piém. *diavo 'd montagna*, hibou): pr. *grimaud* (Voir sorcière) et roum. *ciof*, propr. hibou (V. Tiktin);

fantôme: Pic. *houpeux*, lutin qui imite la voix du hibou (H.-Bret. *houpou*, lutin dont la voix ressemble à celle du chat-huant); fr. *huau*, épouvantail de chasse (V. Littré); Bessin *huard* („hibou"), lutin, farfadet, et Suisse *tseveco* („chevêche"), lutin qui a la seconde vue, spectre; Dauph. *javané* („duc"), lutin qui prend la forme d'un grand hibou; catal. *sibeca*, *siboch*, épouvantail (= hibou); roum. *ciuhă*, épouvantail (= chouette); cf. Suisse allem. *Hüru*, *Hûri*, chouette et fantôme qui en prend la forme, *Gehuri*, épouvantail (à chènevière), et *Nachthuri*, fantôme qui rôde la nuit pour enlever les enfants qu'il rencontre;

sorcière (sorcier): anc. fr. *estrie* (du lat. *striga*, effraie et sorcière), Gasc. *estrego*, cauchemar (= sorcière; cf. pr. *estre calcat per las mascos*, avoir le cauchemar, litt. être foulé par les sorcières); it. *strega* (Mil. *stria*), m. *stregone*; esp. *estrige*, vampire, roum. *strigă*, sorcière[1] (auj. „vieilles femmes qui s'en vont la nuit toutes nues et les cheveux flottants dérober le lait aux vaches", Damé, cf. 8ᵏ), et *strigoiŭ*, vampire; anc. fr. *fresaie* et *fresaude* (G. de Coinci, ap. Godefr.: celle *fresaie*, celle drague ... *Miracles de N.-Dame*: ceste *fresaude*, ceste drague ...), à côté de *bruesche* (pays du Foix: Borel), catal. *bruixa*, Gasc. *broxa* (Ducange), Béarn *brouche*, Sarde *brusciu*, esp.-port. *bruja*[2]; pr. *grimaud*, sorcier (= hibou), *grimaudo* et *garamaudo*, sorcière et guilledou (cf. wall. *caweter*, courir les filles, litt. chouetter, cf. 22);

---

[1] Cf. Cantemir, *Descriptio Moldaviæ*, p. 142: *Striga*, a græca voce στριγλη, idem quod apud Romanos etiam hodie inter Moldavos denotat, venefica nimirum vetula, quæ diabolica virtute infantes neonatos, ignotis modis interimat. Superstitio et Transylvanis præsertim frequentissima ...

[2] V. *Archivio*, XV, 506, où Nigra rapproche esp. *bruja*, etc. de *bruscus*, crapaud (dont le démon revêt parfois la forme); mais la notion primitive est *fresaie* et non *sorcière*.

vieille femme (= sorcière): anc. fr. *houhoue*, vieille sorcière (Oudin; Hainaut: vieille femme sans dents), propr. hibou; pr. *chavant*, vieille femme méchante, *rispo*, femme méchante, et *tartarasso*, vieille grondeuse (= hulotte);

vieille fille: roum. *joimărițâ* („effraie“); Saintonge *faire chouc* (faire la chouette), coiffer Sainte Catherine.[1]

26. Le nom du hibou, anc. fr. et pr. *grimaud*, a été finalement appliqué, comme injure, aux protestants, probablement à cause de leurs réunions nocturnes: „Defense de converser cum his qui dicuntur huguenotz aut *grimautz*“ (1561, ap. Godefroy). Tout en admettant l'origine suisse du nom *huguenot* (et, par suite, l'étymologie *Eidgenossen*), il n'en est moins vrai que, passant en Languedoc, ce nom a été rapproché vulgairement de celui du hibou, *uganau* et *duganau* (cf. *ugou* et *dugou*), comme le prouvent les nombreuses variantes occitaniennes du nom huguenot (V. Azaïs et Mistral). Non seulement, ce rapprochement[2] trouve un pendant dans *parpaillot*, autre surnom des protestants en France (du pr. *parpalho*, petit papillon, et libertin, paillard), mais encore certains sens spéciaux du mot huguenot resteraient inexplicables, en dehors de cette hypothèse. Tels, le pr. *uganau*, terme de moulin d'huile („rondeau en bois que l'on place entre chaque cabas d'olives, lorsque la pile n'est pas suffisamment haute“, Mistral), et le fr. *huguenote*, terme de cuisine („marmite de terre sans pieds où l'on fait cuire les viandes“, Littré), qui trouvent, l'un et l'autre, de frappantes analogies dans les acceptions techniques du pr. *machoto* (20).

27. Relevons en dernier lieu un nom du chat-huant qu'on rencontre souvent chez les naturalistes,[3] mais qui a passé complètement inaperçu par les romanistes. Il s'agit du terme gréco-latin *surnia* qu'on trouve uniquement dans Festus comme synonyme de *strix*,[4] et qui remonte probablement à la même origine que le synonyme catalan *chura* (8[b]). Ce *surnia* paraît survivre en roman, sous la

---

[1] Sébillot, *Traditions*, II, 165: On croit que les vieilles filles sont changées en chouettes après leur mort; dans les Vosges, les filles qui arrivent à trente ou quarante ans sans être mariées, vont crier la chouette.

[2] Le pasteur A. Mazel l'a fait, dans une notice sur l'origine du mot *huguenot* en Languedoc (dans le *Bulletin de la Société d'histoire du protestantisme français*, tome XLVII, 1898, p. 653—659).

[3] A. M. C. Duméril (*Zoologie analytique*, 1808, p. 34) a le premier établi le genre *surnie* (surnia) dans la famille des chouettes (sans indiquer la provenance du mot); après lui, Savigny établit le genre *syrnium*, et le prince Ch. Bonaparte la sous-famille des *surninées* (surninæ) dans la famille des strigidées.

[4] Festus, éd. Thewrek de Ponor (Budapest, 1889), I, 456: Stri... Græci CYPnia ap ... quod maleficis mulieribus nomen inditum est (suit une formule préservative en un grec très corrompu). Dans le *Thesaurus* de Henri Estienne, au mot σύρνια, on renvoie à Festus. Le premier naturaliste qui enregistre le mot est Ulysse Aldrovandi, *Ornithologia*, 1646, I, 561 (σύρνια); et c'est chez celui-ci que Duméril l'a déniché pour lui rendre une nouvelle vitalité dans le domaine scientifique.

forme *sŭrna*, dans certains termes qui n'ont gardé que le sens secondaires tirés de la notion „hibou" (ce qui est parfois le cas de la descendance romane de *strix*), à savoir:

caché et dissimulé (= taciturne, 22): fr. *sournois* (XVIe siècle), dérivé[1] de *sourne* (primitivement effraie), à l'instar de *matois*, *minois* (adj.), etc.; de là, it. *sornione*, à côté de *susornione*, ce dernier influencé par *susurare*, chuchoter;

crépuscule (14): anc. fr. *sorne*[2] (Nicot: brune, Oudin: principio della notte), anc. argot *sorne*, nuit (déjà dans Villon), passé avec ce sens dans l'argot espagnol (*sorna*); anc. pr. *sorn*, obscur, sombre, pr. mod. *sourno* (à côté de *chourno*, ce dernier influencé par la sifflante initiale des autres noms des strigiens), avec de nombreuses formes dérivées;

lenteur (22): esp. *sorna*, paresse (du français?);

raillerie (17): anc. fr. *sorne* (XVe siècle, ap. Littré: rians et faisans leurs *sornes* du roy), d'où *sorner*, railler, et *sornette* (1452: *sournette*),[3] moquerie (Berr. sobriquet), jeu d'esprit (Rabel. IV, 52: Après souper feurent jouées plusieurs farces, comédies, *sornettes* plaisantes).

Ainsi, en écartant certains termes homonymes d'autre origine,[4] *surnia* appartiendrait en propre au domaine gallo-roman.

---

[1] Diez fait venir *sournois* du lat. *taciturnus*; Ménage et Scheler y voit une altération de **sourdinois* (de *sourdin*).

[2] Storm (*Romania*, V, 104) tire l'anc. fr. *sorne*, brune, de **seorne* (sadorne), du lat. *Saturnus*.

[3] Diez rapproche *sornette* du kymri *swrn*, un peu.

[4] Tels que *sorne*, scorie, anc. fr. *sournoiller*, ronfler; Béarn *sourna*, moucher, et it. *sornacchio* (sarnacchio), gros crachat.

Notes complémentaires.

P. 2: ... qui date seulement du XVIᵉ siècle (lire XVᵉ siècle) ... Nous emploierons souvent ce tour ou des tours analogues pour dire: d'après le plus ancien exemple actuellement connu.

P. 8. Le type *gattus* revient déjà dans les gloses à côté de *cattus* (C. gloss. l. 18, 49): αἴλουρος gattus, et (431, 12) αγριοκαττα *gattoferus*.

P. 13. Meyer-Lübke (*Einführung in das Studium der romanischen Sprachen*, 1901, p. 78) touche à la création spontanée du langage, en divisant les mots imitatifs en primaires (*Urschöpfung*) et secondaires (*Umprägung*). Voir les articles suggestifs de Schuchardt (*Zeitschrift* XV et XXI) sur la *Lautsymbolik*, ou qualité expressive de certains phénomènes qui les fait choisir de préférence pour exprimer certaines idées, ce que Grammont appelle *mots expressifs*, désignant non pas un son (*onomatopée*), mais un mouvement, un sentiment, une qualité matérielle ou morale, action ou état quelconque, dont les phonèmes entrent en jeu pour peindre l'idée.

P. 19: ... Tosc. *mogio* ... Ajouter: primitivement chat, aujourd'hui languissant (110).

Béarn *arnàut* ... Ajouter: Vosges *arnò, argno*, chat mâle; May. *rendo*, id.

P. 20: ... le nom du rat qui passe au chat. Ajouter: Le chat conçu comme chasseur des souris, de là bas-lat. *murilegus* (terme littéraire, à côté du vulgaire *musio*), pr. *ratoun* (cf. *Raton*, dans La Fontaine) et Metz *chesson*, petit chat (Roll. IV, 83), propr. petit chasseur.

P. 21: Langued. *marmoutin* (Roll., IV, 81).

Grobis ... Ajouter: pain de *grosbis* (Coquillart), c.-à-d. pain grossier, qu'on émiette pour les chats (cf. pr. *gnato, miato*, pain grossier et miette, 107); de là, *trancher du grobis* (Marot), locution analogue à celle de *faire le grobis*.

P. 28: alose feinte ... Les formes patoises d'après le *Nouveau Dictionnaire général des pêches*, Paris, 1868, par De La Blanchère; la variante bordelaise *agate* (Roll., III, 122), pour *la gate*, rapprochée du nom propre *Agathe* sous l'influence analogique des appellations synonymes · telles que *Jacquine* et *pucelle* (Ibid.).

P. 29: H.-Italie *gattoni*. La véritable place du mot est au nº 58.

P. 33: *Chatouiller* ... Cette forme est moderne (XVIᵉ siècle) et dérive de *chatouille*, petit chat (XVᵉ siècle, à côté de *satouille*, 54), précédé par *chateille, chatille, chatoille, chatoulle* (auj. dial. 55ᵉ), types des formes verbales correspondantes. L'évolution de ces diminutifs est chronologiquement analogue à celle de *cornouille* (XIIᵉ siècle *cornille*, XIIIᵉ s. *cornolle*, XVᵉ s. *corneille*, XVIᵉ s. *cornoille* et *cornoaille*) et de grenouille (XIIᵉ s. *reinoille*, XIVᵉ s. *renoulle*). Ajoutons la forme vaudoise *gatodi*, chatouiller A. (de *gataud*: cf. *chataud*, 63) et celle de la Loire *chatria, tsatrouia* A. (cf. pour l'épenthèse, *chatrouille* et *satrouille*, 54).

P. 34: Caillou ... Ajouter: esp. *morro, morrillo*, id. (= pr. *catoun*).

P. 38: Hypocrite ... Omettre le renvoi 51.

Goître ... Supprimer cet en-tête, le béarn. *gatarrou* se rapportant à une autre origine.

P. 45: Flûte ... Lire: instrument de musique.

P. 59: Tas de blé ... Supprimer Lyon *myò* et Sav. *mya* ... Voir la carte *meule* de l'*Atlas linguistique*: Ain *meya*, Saône-et-Loire *myò*, Genève *miya*, H.-Sav. *mya*, et *mwèa, mwèla*.

P. 60: Gronder. Ajouter: *maronner*, terme récent d'origine dialectale, propr. miauler (7).

P. 83: pr. *catomaio* ... Lire: *catomiaulo*.

P. 86: ... le putois fournit son nom à la fouine ... Ajouter: et inversement, Gironde *chafouin*, putois (Ariège *gamartre*), id. A.

P. 87: ... wall. *cafougni* ... Supprimer le mot et son interprétation.

Bibliographie.

I. Ouvrages généraux.

Dictionnaires étymologiques: Fr. Diez (5 éd., 1887) et G. Koerting (2 éd., 1901).

Périodiques: *Archivio glottologico italiano* (1873 s.), *Romania* (1872 s.) et *Zeitschrift für romanische Philologie* (1876 s.).

Caix N., *Studj di etimologia italiana e romanza*, Florence, 1878.

Schuchardt H., *Romanische Etymologien*, I—II, Wien, 1898—99.

Wackernagel W., *Voces variæ animantium*, Programme, Bâle, 1869.

Nemnich, Ph. And., *Catholicon oder allgemeines Polyglottenlexicon der Naturgeschichte*, Hambourg, 1793—98.

II. Français.

Ancien: J. Palsgrave (1530), J. Nicot (1606), R. Cotgrave (1611), Ducange (éd. Favre, 1883); Lacurne de Sainte-Palaye (éd. Favre, 1875—82), Fr. Godefroy (1880—1902) et A. Delboulle (dans la *Revue d'histoire littéraire de la France*, 1894 s., et dans la *Romania*, XXXI s.).

Moderne: A. Oudin (1656), G. Ménage (éd. 1750), A. Scheler (3 éd., 1888), E. Littré (1863—67, *Supplément* 1877) et *Dictionnaire Général* (1900).

Argot: Ph. J. Leroux (*Dictionnaire comique*, 1786) et d'Hautel (*Dictionnaire du bas-langage*, 1808); L. Larchey (10 éd., 1889), L. Rigaut (1881), G. Delesalle (1896) et A. Bruant (1901). Voir R. Yve-Plessis, *Bibliographie raisonnée de l'argot et de la langue verte en France du XVe au XXe siècle*, Paris, 1901.

A. Patois Gallo-Romans.

J. Gilliéron et E. Edmont, *Atlas linguistique de la France*, 1902 s.

D. Behrens, *Bibliographie des patois gallo-romans* (2 éd., 1893) et *Supplément* de 1892 à 1902 (dans la *Zeitschrift f. neufr. Sprache*, 1903).

1. Patois Français.

Lettres à Grégoire sur les patois de France (1790—94), éd. Gazier, Paris, 1880.

WALLON (Pays): *Verviers*: L. Remacle (1844); *Liège*: Ch. Grandgagnage (1845—80, et *Vocabulaire des noms d'animaux ...*, 1857), et H. Forir (1875); *Mons*: J. Sigart (1870); *Hainaut*: Hécart (1833).

PICARDIE: abbé J. Corblet (1851), et Jouancaux et Devauchelle (1880); *Démuin*: A. Ledieu (1893); *Saint-Pol*: Ed. Edmont (1897).

NORMANDIE: E. et A. Duméril (1849), Dubois et Travers (1856), H. Moisy (1885); *Guernesey*: G. Métivier (1870); *Bessin*: C. Joret (1881); *Hague*: J. Fleury (1886); *Calvados*: Ch. Guerlin de Guer (communications à l'auteur); *Yères*: V. Delboulle (1876).

ILE-DE-FRANCE: (Seine-et-Marne) *Bas-Gâtinais*: C. Puichard et A. Roux (dans la *Revue de philologie française*, VII, X et XI).

OUEST: (Bretagne) *Ille-et-Vilaine*: Ad. Orain (1891), et *Mée*: A. Leroux (1881); *H.-Maine*: C. R. Montesson (3 éd., 1899); *Mayenne*: C. Dottin (1899); *Pléchatel*: Dottin et Langouët (1901); *Anjou*: C. Ménière (1883).

SUD-OUEST: *Poitou*: L. Lalanne (1868) et L. Favre (1867); *Saintonge*: P. Jônain (1869).

ORLÉANAIS ET BERRY: Comte Jaubert (1864—69); *Blaisois*: A. Thibault (1892); *Vendôme*: P. Martellière (1893).

SUD-EST: *Morvan*: Ed. de Chambure (1878); *Bresse*: L. Guillemant (1902) et *Verduno-Châlonnais*: F. Fertiault (1896); *Dijon*: Cunisset-Carnot (1889); *Yonne*: S. Jossier (1882).

CHAMPAGNE: Tarbé (1851); *Reims*: E. Saubinet (1845); *Forêt de Clairvaux* (Aube): A. Beaudouin (1877); *Gaye* (Marne): C. Heuillard (1903); *Mouzonnais*: N. Goffart (dans la *Revue de Champagne et de Brie*, 1895—99).

LORRAINE: L. Adam (1881); (Alsace) *Ban de la Roche*: Oberlin (1775); *Vosges*: N. Haillant (1886); *Meuse*: H. Labourasse (1887); *Pays Messin*: D. Lorrain (1876) et E. Rolland (dans la *Romania*, II et V).

2. Patois Franco-Provençaux.

DAUPHINOIS: *Isère*: Champollion-Figeac (1809).

LYONNAIS: N. du Puitspelu (1887—89); *Forez*: L. P. Gras (1863), et *Saint-Etienne*: P. Duplay (*Lo cla do parla gaga*, 1896).

SAVOIE: A. Constantin et J. Désormaux (1902).

FRANCHE-COMTÉ: (Jura) *Montbéliard*: Ch. Contejean (1876), et *Châtenois*: A. Vautherin (dans le *Bulletin de la Société belfortaine*, 1896 à 1901); *Petit-Noir*: F. Richenet (1896); *Plancher-les-Mines* (H.-Saône): F. Poulet (1878); *Les Fourgs*: J. Tissot (1865), et *Bournois* (Doubs): Ch. Roussey (1894).

SUISSE: Doyen Bridel et L. Favrat (1886); *Genève*: J. Humbert (1842); *Fribourg*: L. Grangier (1864); *Neufchâtel*: J. H. Bonhotte (1867); *Bas-Valais* (Vionnaz): J. Gilliéron (1880).

3. Patois Provençaux.

Anciens: F. J. M. Raynouard (*Lexique*, 1838—44) et E. Levy (*Supplement-Wörterbuch*, 1892 s.).

Modernes: S. G. Honnorat (1846—49), G. Azaïs (1877—81), Fr. Mistral (1879—86) et L. Piat (1893—94); *Auvergne* (Limagne): Pommerel (dans le *Bulletin de l'Auvergne* de 1897—98); *Aveyron*: Abbé Vayssier (1879); *Béarn*: Lespy et Raymond (1886); *Limousin* (Corrèze): N. Béronie (1823); *Nice*: Abbé Pellegrini (1894).

Étymologie: Mistral, *Mireille*, éd. Koschwitz, avec glossaire par Hennicke, 1900.

III. Italien.

Ancien: Nath. Duez, *Dictionnaire italien-français*, Venise, 1678 (d'une richesse qui depuis n'a jamais été égalée), et G. Ménage, *Le origini della lingua italiana* (2 éd., 1685).

Moderne: N. Tommaseo et B. Bellini (1865—74), P. Fanfani (1875); P. Petrocchi (1894) et F. Zambaldi (1889).

Argot: G. Volpi (dans les *Miscellanea Rossi-Teiss*, 1897).

B. Patois italiens.

A. Bacchi della Lega, *Bibliografia dei vocabolari nei dialetti italiani raccolti e posseduti da Gàetano Romagnoli*, Bologna, 1879 (cf. V. Collins, *Attempt at a catalogue to the library of the late Prince Lucien Bonaparte*, Londres, 1894, p. 265 à 309) et, pour les derniers quinze ans, les rapports périodiques, dans le *Kritischer Jahresbericht* de Karl Volmöller (1890—98), par C. Salvioni (Haute-Italie), C. De Lollis et E. Monaci (Centre), H. Schnecgans (Sicile) et P. E. Guarnerio (Sardaigne et Corse).

1. Haute-Italie.

B. Biondelli, *Saggio sui dialetti gallo-italici*, Milan, 1853, et A. Mussafia, *Beiträge zur Kunde nord-italiänischer Mundarten im XV. Jahrhundert*, Wien, 1873.

PIÉMONT: V. di Sant-Albino (1859), G. Gavuzzi (1891) et Maggiore dal Pozzo (2 éd., 1893); *Val Soana*: C. Nigra (dans l'*Archivio*, III); *Monferrino*: G. Ferraro (2 éd., 1889).

GÊNES: G. Casaccia (2 éd., 1890).

LOMBARDIE: *Milan*: Fr. Cherubini (1839—43) et F. Angiolini (1897); *Côme*: P. Monti (1845); *Bergame*: A. Tiraboschi (2 éd., 1873); *Brescia*: G. Rosa (1877); *Cremone*: A. Peri (1847).

ÉMILIE: *Romagne*: A. Morri (1863); *Mantoue*: Fr. Cherubini (1827); *Ferrare*: L. Ferri (1890); *Bologne*: C. Coronedi-Berti (1877); *Modène*: G. Galvani (1868) et E. Maranesi (1893); *Parme*: C. Malaspina (1856—59); *Piacenza*: L. Foresti (3 éd., 1882).

VÉNÉTIE: G. Boerio (1829).

SUISSE ITALIENNE: *Arbedo*: V. Pellandini (dans le *Bolletino della Società Svizzera italiana*, 1895—96).

2. Patois du Centre.

ABRUZZES: G. Finamore (2 éd., 1893); *Terramano*: G. Savini (1881); *Les Marches*: A. Neumann-Spallart (dans la *Zeitschrift*, XXVIII, 1904).

3. Patois du Sud.

NAPLES: R. d'Ambra (1873) et E. Rocco (1880).

SARDAIGNE: G. Spano (1851) et P. E. Guarnerio (dans l'*Archivio*, XIII et XIV).

SICILE: A. Traina (1888) et Pitrè (Voir IX).

IV. Réto-Roman.

Grisons: O. Carisch (1852); *Surselve*: B. Carrigict (1882); *Engadin*: Z. Palliopi (1895—99); *Tyrol*: Ch. Schneller (1870) et J. Alton (1879); *Frioul*: J. Pirona (1871).

V. Roumain.

Dictionnaires: A. de Cihac (1870—79), Fr. Damé (1893) et H. Tiktin (1895 s.).

Patois: G. Weigand, *Jahresbericht des Instituts für rumänische Sprache*, Leipzig, 1894 et suiv.

VI. Catalan.

Don Pere Labernia y Esteller, *Diccionario de la llengua catalana ab la correspondencia castellana*, Barcelone (sans date).

VII. Espagnol.

Ancien: Sebastian de Cobarruvias, *Tesoro de la lengua castellana e española*, Madrid, 1611, et César Oudin, *Trésor des deux langues, espagnolle et françoise*, Paris, 1660.

Moderne: R. J. Cuervo, *Diccionario de construccion y regimen de la lengua castellana* 1884 s.), et N. F. Cuesta, *Dictionnaire espagnol-français*, Barcelone, 1886.

Patois: P. de Mugica, *Dialectos castellanos* ..., Berlin, 1892; Aragon: G. Borao, *Diccionario de voces aragonezas*, Saragosse, 1889; Amérique: R. J. Cuervo, *Apuntaciones criticas sobre el lenguage bogotano*, Chartres, 1885.

VIII. Portugais.

F. A. Coelho, *Diccionario manual etimologico da lingua portuguesa,* Lisbonne, 1890.

Patois: *Revista Lusitana* (1887 s.); Galice: Cuveiro Piñol, *Diccionario gallego,* Barcelone, 1876; Miranda: J. Leite de Vasconcellos, *Estudos de philologia mirandesa,* Lisbonne, 1900; cf. Idem, *Esquisse d'une dialectologie portugaise,* Paris, 1901.

Argot: F. A. Coelho, *Os Ciganos de Portugal,* Lisbonne, 1892.

IX. Folklore (dans ses rapports avec la linguistique).

E. Rolland, *Faune populaire de la France,* Paris, 6 vol., 1877—83, et *Flore populaire,* 5 vol., 1896—1904.

P. Sébillot, *Traditions et Superstitions de la Haute-Bretagne,* 2 vol., Paris, 1882, et L. F. Sauvé, *Folklore des Hautes-Vosges,* Paris, 1889.

G. Pitrè, *Usi e costumi, credenze e pregiudizi del popolo siciliano,* vol. XIV à XVII de la *Biblioteca delle tradizioni popolari siciliane,* Palermo, 1870 et suiv.

J. Leite de Vasconcellos, *Tradições populares de Portugal,* Porto, 1882.

X. Histoire Naturelle.

Buffon, *Oeuvres,* éd. Flourens, Paris, 1853 s.

Brehm, *Les Mammifères,* 2 vol., et *Les Oiseaux,* 2 vol., trad. fr. (sans date).

Ch. J. Cornish, *Les Animaux vivants du Monde,* traduit de l'anglais par Ernest Guilmoto, 2 vol., Paris, 1903 s., et *Les Animaux domestiques, leurs moeurs, leur intelligence,* etc. (Complément au précédent).

Champfleury, *Les Chats, Moeurs, Observations, Anecdotes,* Paris, 1868.

G. Percheron, *Le Chat, Histoire naturelle, Hygiène, Maladies,* Paris, 1885.

A. Landrin, *Le Chat, Zoologie, Origine, Histoire,* Paris, 1894.

P. Mégnin, *Notre ami le Chat* (Les chats dans les arts, l'histoire, la littérature, etc.), Paris, 1899.

Mme Michelet, *Les Chats,* Paris, 1904.

Index des notions.

(Les chiffres indiquent les pages.)

A. Relatives au Chat.

126

B. Relatives à la Fouine.

C. Relatives au Singe.

D. Relatives aux Strigiens.

cacher 111.
cajoler 111. 112.
calotte 110.
canaille 107.
capot 113.
capuchon 108.
caresser 111. 112.
cauchemar 115.
chat 97. 103.
chauve-souris 114.
chauvir 112.
chavirer 111.
chèvre 103.
chien 103. 108. 109.
ciller (les yeux) 107.
cœur 114.
coiffure 108.
colère (accès de)
111.
colifichet 113.
coquet 112. 113.
coquin 113.
corbeau 101.
coucou 101.
courbé 113.
courir les filles 115.
courlis 102. 106.
couvet 111.
crapaud 103.
cuite 113.
culbuter 111.
crépuscule 107. 117.
crier 108.
dandy 113.
danse 109.
dégourdi 113.
dénoncer 108.
diable 115.
dissimulé 117.
dorloter 112.
dormir (debout)
112.

ébouriffé 108.
échouer 112.
écolier 114.
écorcheur 114.
écouter (attentive-
ment) 112.
écrou (de pressoir)
111.
enfant 114.
engoulevent 114.
enhardir 112.
enrhumer 110.
épier 107. 108.
épouvantail 115.
escroquer 114.
étonné 113.
évanouir 112.
excellent 112.
fantôme 115.
fauvette 114.
femme (vieille) 116.
fille (vieille) 116.
flairer 112.
flatter 112.
fou 114.
froid 110.
froncer (les sourcils)
111.
gaucher 113.
gausser 109.
geler 110.
gémir 109.
godelureau 113.
gonfler 113.
gratter 112.
grave 107.
gredin 113.
grossier 107. 113.
guilledou 115.
hérissé 108.
huer 108. 109.
huppe 114.

hurler 103. 109.
immobile 113.
ivre 113.
jeux 110.
lenteur 104. 117.
leurrer 111.
lourdaud 113.
lucarne 108.
lutin 115.
manger (sans mâ-
cher) 112.
maquette 111.
maraudeur 114.
marmite 116.
maussade 107.
mélancolique 107.
ménager 112.
milan 102.
minauderie 113.
misanthrope 107.
monnaie 115.
moquer 110.
moquerie 117.
myope 107.
nature de la femme
115.
nuit 117.
orage 110.
pâmer (se) 112.
papillon 114.
paresse 104. 117.
penaud 113.
perruque 108.
pigeon 109.
pipée 110. 111.
pirouette 106. 111.
pleurer 109.
plongeon 114.
poinçon 111.
poule 102. 107.
protestant 116.
quêter 112.

railler 109. 110.
raillerie 110. 117.
râle 101. 102.
reculer 112.
regarder (attentive-
ment) 107.
renfrogné 107.
renverser 111.
révérence 113.
rôder 114.
rondeau (en bois)
116.
rusé 113.
rustre 107.
sabbat 109.
sauvage 107.
séditieux 107.
sérieux 107.
silencieux 107.
113.
sobriquet 117.
soigner 112.
solitaire 107.
sombre 107. 117.
sorcier 115.
sorcière 115.
sot 113. 114.
sournois 107. 117.
spectre 115.
stupéfier 112. 113.
tapir (se) 111.
tête 108.
tomber 111.
toupet 108.
trembloter 117.
vacarme 109.
vampire 115.
vanneau 114.
vase (pour l'oing) 111.
veilleuse 107.
vent 110.
voleur 114.

Index des mots.

(Les chiffres indiquent les pages.)

A. Langues romanes.

1. Français (et patois).

abujer 77.
acahuer 108.
achaiti 37. 38.
achatir 37.
achavonter 108.
agate 118.
agater 37.
agouffer 108.
ahurir 108.
amadou 77.
amadouer 76.
amadouler 76.
amiauler 62. 63. 76.
amidonner 62. 76.
amidouler 76.
amioter 62.
amiouler 76.
amiste 66.
amistoufler 61.
amitonner 61. 76.
amitouler 76.
amuser 75. 77.
apesart 80.
argnò 118.
argoulet 66. 84.
arnò 118.
attrape-minon 64.
aufigner 87.
aumusser 75.
babifou 96.
babion 89.
babouin 89. 90. 91.
  93. 94. 95. 96.
babouine 93.
babouiner 91.
barbouset 93.
barcolle 57.
barcolette 57.
bertrand 90.
beugler 14.

biauler 60.
bibo 21.
bilaud 17.
billade 81.
bis 8. 21. 67.
biuler 64.
bobo 21.
bolotou 104.
boualer 10.
boubotte 100.
boubou 100.
boubouler 100.
boulieron 105.
bouliter 107.
bououner 109.
bousette 75.
braille de cat 42.
brailler 10.
brayette 42.
braire 10.
brairette 42.
bren de cat 42.
bruesche 115.
bubo 100.
ca 7. 52.
cabalance 51.
cabanner 111.
cabier 20.
caboche 99.
caborgne 49. 52.
cabouinotte 50.
cabouri 45.
cabourne 50.
cacapuche 42.
cache-muse 70.
cache-mistouri 70.
cache-mite 70.
cacornu 41.
cacoue 42.
ca d'souri 42.

caeler 20.
caelet 20. 53.
cafougni 87. 118.
cafounier 87.
cafourchon 52.
cafourneau 50.
cafourner 50.
cafournet 50.
cafut 51.
cahou 28. 29.
cahouan 99.
cahouette 101.
cahoulette 110.
cahu 99. 109. 110.
cahuaille 107.
cahuan 99. 107. 109.
cahuaner 108.
cahuche 108.
cahue 109.
cahuet 108.
•cahuette 110.
cahuler 108.
cahute 110.
cahuter 108.
caiche-misseraude
  70.
caillebaude 53.
caillifourchon 52.
calbalance 51.
caleforchiés (à) 52.
  53.
caler 20.
calette 20. 53.
calfourchon 52.
calibaude 53. 82.
caliborgne 49. 52.
calibourdon 52.
calibourne 50.
calicalaud 52.
califourché 53.

califourchon 52. 54.
calimachon 53.
calimande 53. 54.
calimini 47.
calimoulette 52.
calivali 81.
calorgne 52.
calouc 52.
calouche 52.
calougne 52.
camailler 84.
camaïeu 82.
camarin 41.
camines 48.
camion 49.
camirau 52.
camiyáo 48.
canifourchon 53.
canor 105.
caon 98.
caou 24. 29. 98.
capalu 79.
capendu 43.
capigner 50.
capleure 40.
capleuse 40.
carabin 84.
carable 41.
caramagne 49.
caramara 49.
caramogna 49.
caracailler 51.
careilloux 44.
caribari 81.
carimalo 81.
carimari 81.
carimoireau 49.
carmagnol 49.
carmagnole 49.
carouble 43.

midouler 76.
mié 61.
mier 61.
mignard 73.
mignarde 66.
mignarder 62.
mignaud 66.
mignauder 62.
mignauderie 66.
mignault 73.
migne 16. 24. 56.
    73. ,
migneron 66.
mignette 58. 59.
mignon 16. 56. 58.
    65. 66. 68. 73.
mignonne 66.
mignonner 62.
mignonette 58.
mignote 66.
Mignote 23.
mignoter 62.
migon 18.
millaud 61.
miller 60.
mimi 21. 58. 65.
    66. 70.
Mimi 23.
mimiche 21.
mimine 21.
minaou 16.
minard 56.
minaud 16. 24. 62.
minauder 62.
mine 8. 16. 24. 56.
    58. 59. 66. 73.
    74.
minée 62.
miner 62. 69.
minet 8. 16. 58. 59.
    62. 75.
minette 58. 65. 66.
    67. 74. 83.
mingrolles 60.
mini 8. 16. 24. 46.
minine 59.
minnot 73.
minó 65.

minoche 16.
minois 74.
minois 62. 64. 117.
minolet 65.
minon 16. 24. 56.
    58. 59. 60. 64.
    67. 74.
minon-minette 62.
minon-sâ 69.
minot 8. 58. 65.
minou 24. 58. 59.
    64. 67. 76.
minouche 76.
minoute 8. 16. 59.
    63. 64. 65.
mioche 59. 61. 65.
mion 49. 56. 61. 64.
    65. 70.
*mionette 58.
mionner 60. 61. 62.
    63. 65.
miot 61. 65.
mioter 61.
miou 56. 63.
miouler 61.
mique 18.
miquet 18.
miquette 18.
miqui 65.
mirawi 9.
mire 16. 58.
miron 16. 24. 58.
mirou 16. 24. 68.
mis 19.
misse 70.
misseraude 66. 70.
miste 73.
misti 17. 24. 66.
mistigouri 70.
mistigri 17. 66. 70.
mistin 17.
mistouri 70.
mistraille 68.
mistrique 17.
mistron 66.
mitâ (creuye d')
    66.
mitaille 68.

mitaine 60. 71.
mitau 17. 25.
mjte 17. 25. 59. 60.
    62. 63. 68. 70.
mitemoe 69.
miteux 63.
Mitis 24. 25.
miton 17. 24. 58.
    59. 61. 62. 64.
miton-mitaine 61.
mitonnée 61.
mitonner 60. 61.
    62. 76.
mitou 17. 24. 25.
    62. 63. 66. 76.
mitouche 66. 76.
mitouf 24.
mitoufle 60.
mitouflet 24. 63.
mitouin 63.
mitourie 62.
mitrounée 61.
mitte 17. 68.
mittaine 59. 64.
mittasse 59.
miuler 64.
mnon 58.
mogne 65.
moineau 93.
moirgan 19.
monard 93.
monaud 93.
mone 57. 93.
monet 92. 93.
moneux 92. 93.
moniche 95.
monin 57. 92. 93.
monique 91.
monnaie (de singe)
    91.
monnequin 57.
monon 93.
morcou 19.
morgue 74.
morgou 19. 74.
mote 68.
mougnonner 74.
moumou 21.

moumouche 21.
moumoute 21.
mouni 92.
mouniche 91. 95.
mounin 16. 91. 95.
mounou 16.
mourre 66.
mouse 75.
mouser 75.
mousette 75.
mouson 75.
mousse 65. 75.
moussepin 65.
moutchié 21.
moute 17. 68.
moutin 17.
moutou 17.
moutte 17.
mûre de chat 51.
muse 67. 70. 75.
    77.
museau 75.
musequin 75.
muser 77. 78.
musette 67. 70. 75.
musse 75.
mya 59. 64. 118.
myaler 9.
myander 9.
myanner 9.
myaoler 9.
myaonner 9. 10.
myaousi 9.
myarer 9.
myarler 9. 10.
myarou 17.
myawder 9.
myawer 9.
myawler 9. 10.
myayer 10.
myé 61.
myewer 9.
mynwer 9.
myó 59. 61. 118.
myoder 9.
myoler 9.
myonner 9.
myouler 10.

magnan 56. 58. 65.
magnard 56.
magnaud 56. 65.
magni 56. 58. 66.
magnin 64.
magnon 56.
magnot 56.
magnoto 57.
magnoun 63.
maltro 86.
mamiàu 70.
mamiu 70.
mamoïs 89.
mara 17.
maraco 56.
maragnan 10. 70.
marcou 19. 66.
margoulet 65.
margoulin 65.
marlo 17.
marmàu 70.
marmousilho 95.
marmutin 21. 69.
   71. 117.
marmusat 94.
maro 17. 19.
marracho 56.
marro 17.
marsause 69.
martou 17.
martre 86.
mat 64.
matagot 57. 58.
mataou 17.
mate 17.
mato 17.
matre 17.
matucel 58.
maturlo 58.
màula 9.
megna 65.
megnin 66.
megno 63.
megnolla 95.
megnune 66.
meina 65.
mello 71.
menet 16. 63.

menin 63. 65. 75.
menino 65.
menit 65.
meno 58. 65. 67.
menout 65.
menugueto 58.
mèola 9.
mera 17.
merco 19.
merga 19.
mero 17.
merou 17.
merro 63. 74.
meto 17.
mettana 60.
meuco 61. 75.
mèura 17.
mgna 65.
miàla 9.
mian 60. 62. 67.
miàna 9. 64.
miaoucho 46. 65.
miàra 9.
miaro 17. 20.
miarou 57.
miarro 19.
miato 61. 62. 118.
miau 10. 67.
miauco 57.
miàula 9.
miaulard 57.
miaulo 57.
miaulo-miaulo 70.
miàuna 9. 10.
miàura 10.
miaureo 67.
michoulo 105.
mico 18. 65. 95.
mietoun 57.
mièu 56.
mieugna 9. 10.
mièuna 9.
migna 65.
mignaud 16.
migneroun 65.
migno 16. 65.
mignou 65.
mina 65.

minau 68.
minaud 16.
mine 65.
minet 16. 59. 63.
   65.
minet-minet 66.
mineto 56. 62. 74.
   76.
minin 75.
mino 16. 58. 63.
   65.
minodou 58.
minon 38.
minoun 58.
minouna 60.
minouno 62.
minous 63.
miò 57. 60.
miola 9.
mioleto 58.
mionna 63.
miou 57.
mioula 9. 20.
mirco 56.
mire 16.
mirgau 63.
mirihi 61. 62.
miro 16.
miroun 58.
miroun-mirello 62.
misto 73.
mistorio 58.
mistoulin 73.
mistoun 63.
mitihi 62.
mito 63.
mitoucho 76.
mitsowe 105.
miular 9.
mna 68.
mnana 9.
mo 21.
moino 58.
mona 90.
moniná 93.
mor 74.
morga 74.
moro 17. 74.

morro 17.
mossi 65.
mòto 17.
motou 17.
moucacarié 91.
moucaco 89. 91.
mouchacho 65
mouechoulo 105.
mougne 92. 93.
mougnegnarié 91.
mougnegno 58.
mougno 58. 74. 91.
   92.
mougnoná 74.
mouino 91.
mouna 16. 90. 94.
   95.
mouná 90. 92.
mounaco 91.
mounaire 90.
mounard 16. 58.
   92. 93.
mounassarié 63.
mouneco 94.
mounegueto 104.
mounel 90. 92.
mounet 16.
mouni 58. 92. 93.
mouniflo 95.
mounin 16. 58.
mouniná 90.
mouninado 90.
mouninarié 90. 91.
mounineja 90.
mounino 56. 58. 90.
   91. 92.
mouninous 92. 93.
mouno 16. 56. 58.
   74. 90. 91.
mounoune 66.
mounzo 92.
mouo 21.
mourre 74.
mouset 91.
mousiga 75.
moustelo 86.
musso 75.
myana 16.

3. Italien (et patois).

nottolina 111.
nottolo 114.
nottolone 114.
nottua 96.
oloch 96. 108.
oloché 108.
oluc 96.
orazione (della ber-
  tuccia) 91.
oulouc 96. 114.
pantegana 21.
papajanni 104.
paragatto 43.
pigra 104. 114.
piula 103.
rabadan 81.
ragattinare 36.
ragguffato 107.
rägna 10. 47.
ramadan 81.
ramanzina 60.
ramogn 20.
rautta 22.
regata 37.
regatta 37.
regattare 37.
regnolejare 10. 61.
rigatta 37.
rigattare 36. 37.
  39.
rigattato 38.
rigattu 37.
romancina 60.
ronfé 11.

russar 11.
sagri 83.
sagrin 78.
sagrin 83.
sagrináse 78.
sarnacchio 117.
sbertare 92.
scalzagatti 44.
scanagat 44.
scaramuleta 102.
scatamasciu 47.
scataminacchi 48.
scatar 36.
scation 35.
scemonito 93.
sciamunito 93.
sciatta 29.
scigna 89.
scigueta 99.
scimia 89.
scimiato 92.
scimignato 93.
scimmia 89. 92.
scimone 92. 93.
scimunito 93.
scina 89.
sciueta 98.
sciutt 100.
scupiu 99.
segrenna 78.
seuta 102.
sfacciommo 104.
sgatá 37.
sgaté 36.

sgatée 35.
sgatona 36.
sgattigliare 33. 39.
sgattion 35.
sgnaular 60. 61.
signa 89.
sigrino 83.
simia 92.
simiotto 94.
simmia 89. 92.
simiton 90.
simon 93.
simunito 93.
sitola 98.
siveta 99.
sivitola 99. 114.
smacio 62.
smagio 62.
smiacio 62.
smiascio 62.
smiss 19.
smona 93.
smonarse 93.
soeta 98.
soia 111.
soiare 109. 111.
sorazza 104. 114.
sornacchio 117.
sornione 117.
sota 98.
spole (fa le) 11.
strea 96.
strega 115.

stregone 115.
stria 96. 115.
striula 101.
suetta 98.
suiton 98.
sumia 89. 92.
susornione 114.
švetta 99.
svitora 99.
taragnöla 105. 114.
tatajanni 104.
testa da gatto 41.
  104. 114.
ticcia 105.
tonca 105.
tornire 11.
tugare 102.
tugo 100.
turululù 102. 114.
tuttumíu 102.
ucco 100.
urghene (fa l') 11.
urluc 96.
urucch 96. 114.
zatta 29.
zibega 114.
zigrino 83.
ziveta 99.
zoeta 98.
zonca 102.
zovetta 99.
zueta 99.
zuf 99.

4. Roumain (et macédo-roumain).

boŭ-de-noapte 103.
buf 99.
bufnă 99. 110.
bufni 111. 113.
bufniţă 99.
buh 99. 109.
buhă 99. 108. 110.
buhac 99.
buhăi 109. 113.
buhav 113.
buhnă 99.
buhnet 109.

buhos 108.
buhurez 100.
cătuşă 5. 30. 35.
cătuşnică 34.
ceucă 102.
cihurez 100.
cioară 102.
ciocă 102.
ciof 99. 109. 113.
ciofăi 112.
ciohăi 109.
ciomvic 99.

ciovică 99. 114.
ciovlică 114.
ciuf 99. 109.
ciufu 109.
ciuh 99.
ciuhă 115.
ciuhos 108.
ciuhurez 100.
ciurez 100.
ciuş 100.
ciuvică 99.
cotcă 35.

cotoc 8. 36.
cotoiu 8.
cotoroanţă 38.
cotoşman 36.
cucovetă 101.
cucumeagă 101.
cucuvea 101.
horez 100.
hurez 100.
îmbufni 111.
încătuşa 35.
încotoşmăna 36.

joimăriţă 105. 116.
macioc 18.
maimunu 89.
maimuţă 89.
mărăi 10.
maţă 19.
miauná 10.

miorcăi 19.
miorlăi 10.
mîrtan 17.
mîţă 5. 19. 30.
moimă 89.
momiţă 89. 94.

motan 17.
pisică 5. 8.
puhă 99.
scotocesc 36.
strigă 96. 115.
strigá 109.

strigoiu 115.
ştioiu 98.
şuşuşu 109.
tsoară 102.
tsuc 101.
uture 97.

5. Réto-roman.

cagnass 103.
catuss 105. 114.
cevitta 99.
chatin 37.
ciuite 98.
ciuitta 98.
çore 102.
çuite 98.
çuiton 98.

çuss 100.
dug 100.
dyat 8.
fierna 86.
gat 8.
ghiat 8.
ghiatin 37.
ghiatinar 37.
ghittinar 37.

giata-magira 40.
giatemarangule 49.
mignognulis 62.
mingul 67.
minna 60. 67.
miular 10.
muozza 67.
murmont 68.

pantagana 21.
pantigana 21.
püf 99. 114.
schimgia 89.
segrin 83.
tchuetta 98.
zore 102.
zuss 100.

6. Catalan.

catamixa 46.
catamoxa 46.
escat 28.
escatafiñarse 87.
gallina cega 162.
gamarous 104.
gat 32.

gatamaula 46.
gatameus (a) 47.
gatamoixa 46.
gatamusa 19. 46.
   71.
gat fagi 41.

gatosa 28.
gaüs 100.
miño 65.
mix 62.
mixa 18.
moxa 18.

mussol 104.
ruta 105.
sibeca 99. 115.
siboch 99. 106. 115.
soriguer 104.
xura 102. 116.

7. Espagnol (et patois).

agatar 36.
alucon 96.
autillo 97.
Bartolo 23.
bojiganga 91.
bonito 92.
bruja 101. 115.
bugeria 95.
buhar 108.
buharda 108.
buharro 99.
buhio 110.
buho 99. 106. 107.
   108. 114.
caio 102.
camafeo 82.
carreton (hacer el)
   11.
cataraña 47. 49. 86.

chata 29.
chocarrero 109.
choncar 102.
chova 102.
choya 102.
chucha 103.
chuchear 111.
chucheria 113.
chucho 103.
chulo 109.
chumino 89.
coguerzo 54.
cornamusa 81.
cornichuelo 104.
correr gatos 82.
encatusar 37. 47.
engatar 35. 37.
engatillar 35.
engatusar 37. 47.

enloquecer 114.
esgana-gatos 43.
espantada 105.
estrige 115.
fuina 87.
gacho 20.
gallina ciega 102.
garduña 86.
garduño 88.
gata 8. 28. 29. 30.
   38.
gata de Panonia 41.
gatada 38.
gatado 36.
gatafura 45.
gatallon 38.
gata muerta 44.
gataria 34.
gatas (a) 36.

gatatumba 43.
gatazo 36. 38.
gateado 39.
gatear 36. 38.
gatera 34. 37.
gateria 38. 39.
gatillo 5. 34. 35.
   38. 83.
gatino 34.
gato 8. 30. 32. 35.
gato cerval 41.
gato de Mariramos
   23.
gato de mar 28.
gato paul 42. 79.
gatuelo 38.
gatuna 34.
gatunero 39.
gatuno 38.

8. Portugais (et patois).

E. Langues celtiques.

F. Langues slaves.

čava 102.	koska 31.	mačak 18.	skopa 114.
čavka 102.	koški 31.	mačka 18. 30.	slepka 102.
čučati 111.	kotŭ 8.	maciek 19.	sova 99.
čuk 100. 101. 111.	kotŭka 35.	martyška 90.	suva 99.
čuvik 99.	kotŭva 30.	matsa 19.	syó 112.
filinŭ 101.	kukuvika 101.	miška 19.	utina 97.
kavka 102.	kuvik 98.	močke 18.	utva 97.
kawa 102.	lelek 114.	puhaó 99.	

G. Albanais.

čokj 100. 114.	ǧon 104.	kukumače 101.	piso 8.
čuki 101.	hut 97. 102.	mačok 18.	štrik 112.
fufufeika 106.	huti 102.	mitsa 19.	ut 97.

Table des noms géographiques.

(Cités en abrégé).

Abruzzes.	Corrèze.	Lombardie.	Pistoie.
Andalousie.	Dauphiné.	Lorraine.	Pléchatel.
Ardennes.	Ferrare.	Luxembourg.	Poitou.
Auvergne.	Forez.	Mantoue.	Pyrénées-Orientales.
Aveyron.	Gallure.	Mayenne.	Romagne.
Bergame.	Gascogne.	Messin (Pays).	Rouergue.
Berry.	Genève.	Milan.	Saintonge.
Bessin.	Gênes.	Monferrin.	San Fratello.
Blaisois.	Gironde.	Montbéliard.	Savoie.
Bologne.	Guernesey.	Morvan.	Sicile.
Bournois.	Guyenne.	Naples.	Toscane.
Calvados.	Hainaut.	Normandie.	Tourraine.
Catalogne.	Haute-Bretagne.	Parme.	Vendôme.
Champagne.	Languedoc.	Picardie.	Venise.
Charente.	Limousin.	Piémont.	Yonne.
Clairvaux.			

Imprimerie de Ehrhardt Karras, Halle a. S.

Verlag von Max Niemeyer in Halle a. d. S.

Aus romanischen Sprachen und Literaturen. Festschrift Heinrich Morf zur Feier seiner fünfundzwanzigjährigen Lehrtätigkeit von seinen Schülern dargebracht. 1905. gr. 8. *Æ* 12,—

Daraus einzeln:

Betz, P. Louis. Bibliographie der Werke Jacob Heinrich Meisters.
Æ —,80

Bovet, Ernest. La préface de Chapelain à l'Adonis. *Æ* 2.—

Brugger, Ernst. Alain de Gomeret. Ein Beitrag zur arthurischen Namenforschung. *Æ* 1.60

Degen, Wilhelm. Die Konjugation im Patois von Crémines (Berner Jura). *Æ* —.80

Farinelli, Arturo. Dante nell' opere di Christine de Pisan. *Æ* 1.20

Fluri, Adolf. Die Anfänge des Französischunterrichts in Bern. *Æ* —.80

Gauchat, Louis. L'unité phonétique dans le patois d'une commune. *Æ* 2.—

Jeanjaquet, Jules. Un document inédit du français dialectal de Fribourg au XVe siècle. *Æ* —.80

Jud, Jakob. Die Zehnerzahlen in den romanischen Sprachen. *Æ* 1.40

Keller, Emil. Zur italienischen Syntax. *Æ* —.80

Langkavel, Martha. Henri Blaze's Übertragung des zweiten Teiles von Goethes Faust. *Æ* —.60

Schirmacher, Kaethe. Der junge Voltaire und der junge Goethe. *Æ* 1.—

Minckwitz, Marie Johanna. Ein Scherflein zur Geschichte der französischen Akademie von 1710—1731. *Æ* —.80

Tappolet, Ernst. Über die Bedeutung der Sprachgeographie, mit besonderer Berücksichtigung französischer Mundarten. *Æ* 1.-

Bausteine zur romanischen Philologie, Festgabe für Adolf Mussafia zum 15. Februar 1905. gr. 8. *Æ* 20,—

Cancioneiro da Ajuda, Edição critica e commentada por Carolina Michaëlis de Vasconcellos. Vol. I—II. 1904. 8. *Æ* 60,—

Ebeling, Georg, Probleme der romanischen Syntax I. 1905. *Æ* 4,40

Freund, Max, Die moralischen Erzählungen Marmontels. Eine weitverbreitete Novellensammlung, ihre Entstehungsgeschichte, Charakteristik und Bibliographie. 1905. 8. *Æ* 3,—

Herzog, Eugen, Streitfragen der romanischen Philologie, I. Die Lautgesetzfrage zur französischen Lautgeschichte. 1904. 3,60

Popovici, Josef. Rumaenische Dialekte. I. Die Dialekte der Munteni und Padureni im Hunyader Komitat. 1904. kl. 8. *Æ* 4,—

Richter, Elise, *ab* im Romanischen. 1904. 8. *Æ* 3.—

Saran, Franz, Der Rhythmus des französischen Verses. 1904. gr. 8. *Æ* 12,—

Druck von Ehrhardt Karras, Halle a. d. S.

www.ingramcontent.com/pod-product-compliance
Lightning Source LLC
Chambersburg PA
CBHW050015100426
42739CB00011B/2661